Aus Freude am Lesen

Helmut Oehring ist hörendes und sprechendes Kind gehörloser Eltern. Erst mit vier Jahren kommt er mit der Welt der Hörenden in Kontakt – eine fremde und meist feindselige Welt. Doch dann entdeckt er etwas, das ganz ihm gehört: die Musik. Oehring erzählt die Geschichte einer erstaunlichen Selbstbefreiung. Er erzählt, wie er als gelernter Autobahnbauer beginnt, sich Notenschrift beizubringen und ein Streichquartett komponiert. Wie er aus dem Nachwende-Tief von selbstgewählter Obdachlosigkeit und Drogensucht wieder herausfindet. Wie sein gehörloser Bruder dreimal Republikflucht begeht, angeschossen wird, ins Gefängnis muss und später im Westen von einem Auto überfahren wird. Oder wie die Schulleitung den jungen Oehring ins Heim schicken will, weil er dabei erwischt wurde, wie er in seiner Wut mit dem Luftgewehr vom Balkon auf Leute schießt. Die Schulleitung bestellt die Eltern ein. Der Junge muss übersetzen …
Oehring ist vom völligen Autodidakt zu einem der erfolgreichsten gegenwärtigen Komponisten geworden. Aber auch der Sprache entlockt er mitreißende Klangbilder aus Wut, Lust und Zärtlichkeit; er verführt uns mit den subtilen Rhythmen der Kampftechnik Mike Tysons, mit den Heilkräften des Jazz oder den irritierenden Schönheiten des lautlosen Sprechens.

HELMUT OEHRING, 1961 in Ost-Berlin geboren, zählt heute zu den maßgeblichen zeitgenössischen Komponisten, sein Oeuvre umfasst über 250 Werke, die auf der ganzen Welt aufgeführt werden und für die er zahlreiche Auszeichnungen erhielt, u.a. den Hanns-Eisler-Preis des Deutschlandsenders Kultur, den Orpheus Kammeroper Preis Italien, den Schneider-Schott-Preis, den Hindemith-Preis und den Arnold-Schönberg-Preis. Oehring lebt mit seiner Frau und den gemeinsamen beiden Kindern in der Märkischen Schweiz.

Helmut Oehring

Mit anderen Augen

Vom Kind gehörloser Eltern
zum Komponisten

btb

Verlagsgruppe Random House FSC-DEU-0100
Das für dieses Buch verwendete
FSC®-zertifizierte Papier *Lux Cream*
liefert Stora Enso, Finnland.

1. Auflage
Genehmigte Taschenbuchausgabe Januar 2013
Copyright © 2011 by btb Verlag in der Verlagsgruppe Random
House GmbH, München
Umschlaggestaltung: semper smile, München
Umschlagfoto: © Astrid Ackermann, München
Druck und Einband: CPI – Clausen & Bosse, Leck
MM · Herstellung: sc
Printed in Germany
ISBN 978-3-442-74290-5

www.btb-verlag.de
www.facebook.com/btbverlag
Besuchen Sie auch unseren LiteraturBlog www.transatlantik.de

Meinen Eltern und meinen Kindern

*Was man zu tragen hat, ist nicht das Entweder/
Oder, eine bewusste Entscheidung zwischen Mög-
lichkeiten, die gleichermaßen schwierig und bedau-
erlich sind – es ist ebenso das Und/Und/Und/Und/
Und. Leben ist dieses Und: das Nebensächliche und
das Unwandelbare, das sich Entziehende und das
Greifbare, das Bizarre und das Vorhersehbare, das
Tatsächliche und das Potentielle, die verschiedenen
Realitäten, die alles vervielfältigen, miteinander ver-
schränken, sich überschneiden, sich widersprechen,
miteinander verbunden sind – und dazu die
Illusionen, die alles vervielfältigen!*

Philip Roth, *Gegenleben*

*Présence: das ist die dünne Eisschicht, auf der der
Fuß eben nur so lange verweilen kann, bis sie ein-
bricht; aber während der Fuß noch für den Bruchteil
einer Sekunde auszuruhen vermeint, bricht sie schon,
die dünne Decke, und zurück bleibt die Gewissheit
des Packeises: voraus der Blick in die Zukunft mit
einer Gewissheit der immer wieder neu begonnenen
Gegenwart des Splitterns der Eisschicht und die
Absurdität, die in dem ständig unternommenen
Versuch liegt, Fuß zu fassen. So erscheint Présence
als jene Gegenwart, die Vergangenheit und Zukunft
miteinander verbindet.*

Bernd Alois Zimmermann, *Présence, ballet blanc*

IM ANFANG

Den Wein, den man mit Augen trinkt,
Gießt nachts der Mond in Wogen nieder,
Und eine Springflut überschwemmt
Den stillen Horizont.

Gelüste, schauerlich und süß,
Durchschwimmen ohne Zahl die Fluten!
Den Wein, den man mit Augen trinkt,
Gießt nachts der Mond in Wogen nieder.

Der Dichter, den die Andacht treibt,
Berauscht sich an dem heilgen Tranke,
Gen Himmel wendet er verzückt
Das Haupt und taumelnd saugt und schlürft er
Den Wein, den man mit Augen trinkt.

Mondestrunken, Otto Erich Hartleben nach Albert Giraud,
vertont von Arnold Schönberg in *Pierrot lunaire* op. 21

IM ANFANG war die Gebärde.
Der Anfang ist bei mir innen, immer Gebärde.
Kein Wort.
Ich höre mit den Augen. Mit anderen Augen.

Sehsucht. Davon geht alles aus. Bewegungen führen zu Klang oder auch zu Rhythmus, mehr noch: zu einer Farbe in Verbindung mit Geruch, der früher, als ich noch klein war, verwandelt wurde in MonsterZwerge HexRiesen MörderZischFeen FichtenKienZauberer RennRitter GoldPrinzUfos GrenzBillReiter und KönigPiloten. UhuJungen auf SchlangenPferden, PrinzessinnenTiger neben GiraffenWölfen, SäbelzahnAdler und WalhaiDrachen kämpften mitundgegeneinander, für und um etwas. Genauer gesagt: um alles oder nichts.

Vom hörenden Kind gehörloser Eltern zum Komponisten. Von zehn Klassen POS, Baufacharbeiterlehre (die hab ich genommen, weils nur noch Koch oder aufm Bau gab, als ich im Berufsberatungszentrum am Strausberger Platz an die Tür klopfte. Ich entschied mich für frische Luft), vom Friedhofsgärtner, Altenpfleger, Heizer, gelernten Ossi und ungelernten umständlichen Autodidakten (hatte nie eine Uni von innen gesehn) zum Meisterschüler an der Akademie der Künste zu Berlin. Mit allen denkbaren Stipendien und Kompositionspreisen beschenkt. Von mir interpretiert als ein: Ok, mach erstmal weiter so. Ein Aber blieb in der Luft.
Also mehr Verpflichtung als Ehre.

Für mich sind Erinnerungen an Bilder gekoppelt. An als Kind und Halbwüchsiger schwer zu ertragende Missverständnisse und auch Bedrohungen.

Hätte ich Schusswaffen besessen, wäre ich zum Amokterroristen geworden. Massaker wollte ich in die katholischen Kindergärten und Friedrichshainer Oberschulen tragen. Ich hätte sie alle töten wollen. Vorbereitet. Alle umbringen können. Geplant. Alles geplant und vorbereitet: im Kopf. Ich trage einen Namen und dieser Name ist groß, haben wir gesungen. Ja, meinen Namen hättet ihr nie wieder vergessen können. Ihr hättet dieselben beschissenen Ängste und Träume und Ängste vor diesen Träumen vor dem Einschlafen gehabt wie ich. Jahrzehntelang. Und diese Erleichterung der Erlösung beim Erwachen. Und diesen vertrockneten Mund vom Wegrennen in diesen Nächten. Diese verzweifelte Wut, die in eine schreckliche, nicht zu besprechende Wut umschlägt. Blutbäche. Für Außenstehende wie ein Wetterwechsel. Ja wieso der? Ausgerechnet? Sonst doch so schüchtern. Niemals! So ein Lieber. Sonst jeder, aber der? Kein böses Wort! Und die Eltern, so ruhige Leute. Beide. Nie im Leben! So ein Freundlicher. Guten Tag. Auf Wiedersehen. Nein danke.
Ja. Ich musste euch Hackfressen jahrelang ertragen. Tragen. Musste jeden Tag rennen. Wegrennen. Fortlaufen. Mich verstecken. Dabei wollte ich immer hin zu euch. Dazugehören. Hören. Sprechen. Ganz normal. Wie ihr das so macht. Als ob nix is.

Wirklichkeit holt Fiktion ein. Fiktion hilft Wirklichkeit zu ertragen und liefert Strategien zu überleben. Umarmt sein. Das Leben umarmen im Notenschreiben. Hat gedauert. Durfte ich mir alles erkämpfen, erweinen, erschreien, ervertrauen. Und: bei jedem wesentlichen Schritt hat jemand auf mich gewartet. Genau an der Stelle, an der es für mich nicht mehr weiterging. Hat geholfen, den nächstfolgenden Schritt zu schaffen. Babyschritte. Babyschritte. Bis heute. Als ob da irgendwo ein Dispatcher gesessen hätte. Der Dispatcher war in der DDR ein leitender Mitarbeiter in Betrieben und Einrichtungen, der für die operative Lenkung und Kontrolle von Produktionsundverkehrsprozessen verantwortlich war. Nach meinen fünfzig Jahren liest es sich ab und an so, als hätte mich da immer jemand mit Sinn für skurrilen Humor und poetische Satire operativ gelenkt. Manchmal musste der Dispatcher aber wohl auch anderswo einspringen, und dann wurde es immer recht knapp für mich. Vollpfosten, der ich war und manchmal noch bin: Nie hab ich an mich geglaubt.

Dabei fällt mir gerade ein: Die erste Westkohle, die ich für einen Kompositionspreis bekam: Hanns Eisler-Preis. Hanns Eisler, 1898 in Leipzig geboren, 1962 in Ostberlin gestorben, war der letzte Lehrer meines Mentors und Lehrers Georg Katzer. Und einer der Schüler Arnold Schönbergs. Und Schönberg, naja, geboren 1874 in Wien, der war Autodidakt in der Musik. Als Junge bringt er sich das Geigespielen und Komponieren selbst bei. 1891 geht er als Bankkaufmann in die Lehre. 1895 gerät das Bankhaus, in dem er beschäftigt ist, in Schwierigkeiten. Schönberg beim Nachmittagskaffee zu seiner Familie: Ich bin so glücklich, ich habe meinen Posten verloren. Mich bringt niemand mehr in ein Bankhaus. Die Wiener Akademie wischt seine Bewerbung als Kompositionsprofessor vom Tisch. 1925 wird er, als erster Autodidakt in der Geschichte der Preußischen Akademie der Künste, zur Leitung einer Meisterklasse für Komposition nach Berlin berufen. Im März 1933 wird ihm

und anderen jüdischen Mitgliedern der Akademie ange-
droht, naja Sie wissen schon. Er emigriert über Paris in die
USA und stirbt am 13. Juli 1951 in Los Angeles.

1901 beendet Schönberg die Komposition der *Gurrelieder*.
Bis 1911 arbeitet er weiter an der Instrumentation. Sechshundert Sänger: drei vierstimmige Männerchöre, ein acht-
stimmiger gemischter Chor und fünf Solostimmen. Circa
hundertfünfzig Musiker: acht Flöten, fünf Oboen, sieben
Klarinetten, drei Fagotte, zwei Kontrafagotte, zehn Hörner,
sieben Trompeten, sieben Posaunen, Kontrabasstuba, vier
Harfen, Celesta, zahlreiches Schlagzeug, darunter sechs Pauken und schwere Eisenketten und über achtzig Streicher. Das
Publikum: Beifallsstürme. 1907 wird das zwei Jahre zuvor
entstandene Erste Streichquartett d-Moll uraufgeführt. Das
Publikum: Tumult. Es besteht offensichtlich ein Widerspruch
zwischen Schönbergs Form des Komponierens und dem
musikalischen Bewusstsein. Die Uraufführung des Zweiten
Streichquartetts fis-Moll ist dann definitv ein Skandalhigh-
light – Gustav Mahler, der im Konzert sitzt, gerät mit einem
der Zischer aneinander. 1913 dirigiert Schönberg das soge-
nannte Watschenkonzert. Aufgrund der Tumulte musste es
abgebrochen werden. Fast so wie bei Strawinskys *Sacre* in
Paris. In jedem Fall aber Jahrzehnte, bevor Skandalkonzerte
in der Rockmusik angesagt waren. Sie reagieren mit Gelächter, Pfeifen, Zischen. Sachen fliegen. Geldzurückrufe. Wie
Siebtklässler. Hihi. Auweia. Ja. Genau: det kann man eben
nich nebenbei hörn. Auf den Eintrittskarten ist ein Vermerk
abgedruckt, der die Besitzer nur zu ruhigem Zuhören, nicht
aber zu Meinungsäußerungen wie Applaus oder Zischen
berechtigt. Boahuhwchszmhna.

Ach ja, was ich eigentlich sagen wollte: Als ich das erste
Mal Schönbergs *Pierrot lunaire* hörte, in der Staatsbiblio-

thek unter den Linden, mit Noten und so: Es war so krass. Wirklich. Nich gesponnen. Feuchte Hose. Knallrotheiß-kopp. Fleckenhals. Gezittert hab ich. Kann kaum beschreiben, was passierte. Während des Hörens und Lesens der ersten Seite. Naja. Ich dachte, mich hauts vom Stuhl. Zappelte vor Aufregung. Aber man muss extrem leise leise sein in der Staatsbibliothek. Auch als Entdecker und Pirat, der gerade beim Entern und Erobern ist. Den Wein, den man mit AUGEN TRINKT. Alles klar. Weder hör noch les ich gerade richtig. Diese Pizzicati. Dieses Klavier und dann diese Stimme. Sehsucht. Ob Eminem davon weiß? Ganz klar, dass einer der genialsten Rapper in direkter Traditionslinie zu Schönberg Schubert Monteverdi Bach Beethoven Händel Purcell steht: Eminem, die coole Sau.

Ein Niemand, der das gesamte Establishment vögelt, um am Ende doch dazuzugehören.

Aber nicht ohne kleine Sprengsätze einzuschleusen. Genial.

Pierrot, der verlorene traurige sehnsüchtige poetische einsame Clown. Die Uraufführung ist 1912. Auch sie wird durch jaulende und beleidigende Zwischenrufe gestört. Mitten im Zerfall und Zusammenbruch aller Systeme: Musik Malerei Physik Philosophie Psychologie Sprache. Alles. Untergang. Ende. Aus. Noch zwei Jahre, und die Militärtechnik feiert den Endsieg. Über alles. Fünfzig Jahre später müssen wir lernen, was es bedeutet, geschichtslos zu sein. Fast alles los zu sein. Verloren sein.

Kürzlich interviewte mich eine deutsche Kulturjournalistin am Telefon. Die redigierte Fassung erhielt ich vor Drucklegung per Email. Sie zitierte meine Verehrung für Schönberg. Und für: Pirol on air. (Kein Witz.) Sie hätte ja sagen können: Das hab ich jetzt akustisch nicht verstanden. Aber sie beließ es dabei. Und verlegte ein Schlüsselwerk der Musikgeschichte in die Ornithologie. Grüße von Prof. Dr. Dr. Dathe (der Grzimek des Ostens). Übrigens, ich saß gegen Ende der zehnten Klasse in seinem Büro im Berliner Tierpark Friedrichsfelde und wollte mich als Tierpfleger (Spezialisierung Vögel) bewerben. Aber meine Noten in den Naturwissenschaften, Chemie, Physik und Mathe, waren nicht der Rede wert. Rechenschwäche. Als Dreizehnvierzehnjähriger, während meiner Zeit bei Mürke-Zoo, hatte ich die komplette Wand unseres Schlafzimmers mit Abbildungen von Vögeln und deren lateinischen Namen tapeziert. Ich kannte sie alle auswendig. Nur so, für mich. Melopsittacus undulatus. Weil die Teile fliegen wie dauergewellt. Egal: Mein erstes Mal mit *Pierrot lunaire* jedenfalls war wie das erste Mal Frank Zappa und Mothers of Invention, das erste Mal Jimi Hendrix. Miles Davis – ich weiß es noch wie heute, als ich zum ersten Mal seine Trompete hörte, diesen sehr speziellen Klang. Es gibt Fotos von ihm mit blutigen Pflastern auf dem Kopf nach einem Konzert, das mit Steinwürfen aus dem Publikum endete. Das erste Mal mit Chet Baker. Pink Floyd. Bei ihren frühen experimentellen Clubkonzerten gab es Rufe aus dem Publikum: Wer von euch ist eigentlich Pink und wer ist Floyd? David Gilmore. Der spielt wie aus dem Weltall, am Rand eines fernen Sterns stehend. 1965, Bob Dylan beim Newport Folk Festival. Dylan schloss erstmals seine Gitarre und die gesamte Band an den elektrischen Strom an. Die Freunde der puristischen Folkmusik waren entsetzt und sauer. Ein großer Teil des Publikums reagierte mit lauten Buhundshitrufen. Dylan ging mit seinen Musikern einfach von der Bühne. Und dann in England: 1966 wurde er bei einem Konzert für seinen Verrat an der Folkmusik als Judas beschimpft. Ganz ernst. Während dieser Tour entwickelte sich ein Ritual. Das Publikum buhte

Dylan und seine Band aus. Und Dylan drehte die Lautstärkeregler einfach auf zehn. Alles auf Anschlag (und darüber hinaus).

Das erste Mal *I can't get no*, dieses Riff der Riffs, Keith Richards im Mai 1965. Einfacher auf den Punkt bringen ist definitiv unmöglich. Oder *Je t'aime* 1968, das bei allen Jungs die Frage hervorrief: Wie weit fliegt eigentlich mein Ejakulat? Oder *Smoke on the Water*. Mit seiner Folge aus Quartzweiklängen auf der Leadgitarre. Das Riff baut auf den Stufen I, III und IV sowie der verminderten V. Stufe auf (es war wohl nicht nur für mich das erste, das ich schnell auf einem Instrument beherrschte.) Erst spielt Blackmore es zweimal, drückt zwei Saiten gleichzeitig runter und schlägt an. Und bei der dritten Wiederholung kommt zu John Lords Riffdopplung auf der angezerrten Hammondorgel auch Schlagzeuger Paice mit den Hihatsechzehnteln dazu, die er im vierten Durchgang durch Snare-Schläge auf den Zählzeiten zwei und vier füllt. Bei der fünften Wiederholung fügt Paice auf denselben Zählzeiten die Bassdrum ein, und Glover bringt den Bass. Ein letzter Durchgang in dieser Konstellation, wobei Paice jetzt durchgehende Bassdrumachtel spielt, bevor Ian Gillan mit der ersten Strophe des Songs beginnt.
Mit genau diesem Riff habe ich angefangen. Spielplatz Langenbeck Ecke Leninallee. Auf der Tischtennisplatte stehend. Eine glitzernde sternenförmige Luftgitarre in den Händen. Jeder der vorbeilief, konnte mich gut sehen. Ihr werdet noch von mir hören. Ja. Ja.
Gern würde ich hier schreiben, wie begabt ich mit Vier bereits musizierte und alle sagten: Oha, aus dem Kleinen wird mal was.
In unserm Zuhause spielte Musik nicht eine kleine Rolle, sie spielte überhaupt keine Rolle. Nicht der Gebärde wert.

Ich war verwirrt und schockiert. Das erste Mal eine DINA-Nullpartitur mitlesen, während der Plattenspieler die Musik spielt. Ich irrte noch auf Seite Eins umher, als die ersten drei Minuten schon vorüber waren. Und suchte verzweifelt, diesen hohen Ton dort oder den tiefen da. Jetzt hab ichs. Nee doch nich. Wie Ostern. Jedenfalls war ich mit meinem Umherirren auf Seite Fünf und da war die Flötensinfonie vom Schenker gerade verklungen. Wahnsinnsmusik. Aber noch unlesbar. Es geht alles viel zu schnell vorbei.

Wie die Freitagabende im Jugendklub. Hohenschönhauser Betonwürfelchen, in dem auch die Post, der Blumenladen, eine Änderungsschneiderei und ein kleines Café untergebracht waren. Tanzen und so weiter. Dann nach einer Woche Hausflurknutschen und so. Naja, das erste Mal mit Zunge. Zu mir nach Hause. Mama ist da. Haaaaluw shoöen uton tg. Sound und Klanghöhe Richtung anspringender Busmotor. Verwirrung und Hilflosigkeitsblicke, Risse in der Freundlichkeit bei allen.

Nie wiedergesehn die Schöne.

Schock durch Sprache und Musik. Trage ich seit diesen ersten Malen immer ganz nahe am Herzen. *Pierrot lunaire*: dieses grelle intensive Blitzen, jedes Gedicht ein Kurzgewitter, ein Donnerbild, halbblinder Spiegel, eine blutfiese Anekdote, moosmoorige Groteske des Finstren, der andren, zittrigen Seite des Mondes. Schönbergs Songs und dieser scheißekrass Sprechgesang. Ein Verrückter. Was für ne brachiale Poesie. Schönheit. Hemmungslos. Dieser direkte Zusammenhang zwischen nicht sterben wollen und leben müssen, und die genau daraus resultierende Nähe zu Sprache und Musik ist so klar. Überdeutlich. Und genau diese Musik hat mich süchtig gemacht. Ähm, jedenfalls, hab ichs am nächsten Tag auf dem Alex bei einem jugoslawischen Hütchenspieler (son echter, mit diesen komischen Schuhen und weißen Söckchen) riskiert: Dreihundert DM Hanns-Eisler-Preisgeld (rechnen Sie mal, was für ne Summe in Ostmark dabei rauskommt: einszufünf warens in guten Zeiten). Weg. Dreihundert Öcken DeEm. Naja, nich weg. Er hatte es. Beziehungsweise sie hatten es. Also Umverteilung. Ich bin unter der Weltzeituhr einer internationalen Bande in die Arme gelaufen und war nicht allein dabei. Unser schöner guter Alex war 1990 voller Hütchenspieler. Und Glücksritterossis, die alle dachten, äeh, mich legst du nich rein. Grüße von Franz Biberkopf, Döblin und Fassbinder.

Dimitroff Ecke Leninallee. Im Februar 1975 lauerten sie dem das schon ahnenden Dreizehnjährigen im grauen Treppenhaus nahe dem Hofdurchgang auf. Einer schlug ihm von hinten mit einem sechzig Zentimeter langen Eisenrohr auf den Hinterkopf und direkt ins Genick. Angefeuert von G. und A., die den zu Boden Gestürzten beschimpften mit: Kack die Wand an, und so weiter. L. soll ihn mit einer Holzlatte ins Gesicht geschlagen und auf ihn, bereits am Boden liegend, eingetreten haben. In einem abgelegenen Kellerraum sollen sie dem noch lebenden W. mit einem Zimmermannshammer beide Schläfen eingeschlagen haben. Jeder einmal. Noch in derselben Nacht zerlegten sie den toten Jungen. Zwei Messer, eine Säge, ein Beil (das ist so gut wie ihr Schmied). Arme und Beine abgetrennt, Rumpf aufgeschnitten, Organe entnommen. Blut vorsichtig mit einer leeren Mortadellablechbüchse in einen blauen Scheuerwassereimer umgeschöpft. Die Leichenteile an die beiden schwarzweiß gefleckten Doggen aus der Hausnummer zwei verfüttert. Der Kopf in einem Einweckkessel ausgekocht und zerkleinert. Von den Doggen zurückgelassene Knochenreste und Restinnereien in die sechs im Müllhaus stehenden Aschekästen verteilt.

Nichts davon stimmt und Alles. Ich hatte schon eine Angst, noch bevor ich von meinen Eltern geboren wurde.

Im Anfang war die Gebärde. Und die Gebärde war ich. Und ich war die Gebärde. Und jede dieser Gebärden, ob fingernd, lautbegleitend, mit Mundbild oder ohne, hat ihren Ursprung, ihre Quelle, ihren Beginn in einer Person. Mit einem Namen, einer Geschichte, einer Begebenheit, dem Leben oder dem Tod. Einem Wort.
Ich war schon immer Ohr und Stimme meiner Eltern und höre mit den Augen.

Mit anderen Augen. Hören. Spät, sechs sieben Jahre, nachdem ich meine ersten Musiken aufgeschrieben hatte, mit zweiunddreißig Jahren, spürte, wusste ich: Diesem Aufschreiben, Notieren, dem Komponieren geht immer etwas voran. Bevor ich zu schreiben beginne, ist da diese Bewegung, Grammatik, Gebärde in meinem Kopfraum. Hatte ich zuvor nie registriert. Automatismus eben. Klar, wenn ich über was nachdachte, träumte, Briefe oder, früher in der Schule, Aufsätze schrieb, hat es das gegeben: vorhergehendes Gebärden zweier Hände direkt hinter meiner Stirn. Im Sprachzentrum. Ein innerer Monolog. *Ballet blanc*. Unsichtbares Ballett. Sehen. Aber das konnte ich erst jetzt begreifen. 1993. Inneres Gebärden, so wie jeder auch seine innere Stimme sozusagen hören kann. Inwendig. Innen. Physisch unsichtbar, unhörbar. Aber deutlich und präsent. Wenn ich an Noten, bestimmte Klänge, Rhythmen und Melodien, Cluster, Motive dachte, stellte sich eine Gebärdenmotivik zwischen dem Darüberdenken und dem Notieren und zuvor Finden, was notiert werden soll. Ich bemerkte etwas sehr Eigenartiges: Wenn ich, aus meinem langsam wachsenden musikgrammatikalischen Reservoir, ganz bestimmte Motive assoziierte und diese versuchte weiterzuentwickeln, zeichneten ein und dieselben Gebärdenverläufe für diesen Vorgang verantwortlich. Ich stellte fest, dass, wenn ich daran ging, eine Story, ein Porträt in Musik zu verwandeln, wie selbstverständlich sehr konkrete wiederkehrende Gebärdenstränge, Figuren in Motivik vorausgingen. Ich begriff, dass bei mir Rhythmen, Melodien, Instrumentation eng, untrennbar gekoppelt sind an Gebärdenabläufe. Eins zu eins. Translation. Dolmetschen. Vermitteln. Das, was ich von frühester Kindheit an am besten können sollte und musste: Übersetzen. Ich, das Ohr und die Stimme meiner Eltern. Mittler. Ich bin, wie es oft bei CODA-Kindern (Child Of Deaf Adults) der Fall ist, Übersetzer geblieben. Von einem Sprachufer zu einem anderen. Brückenmensch. CODA-Kinder erkennen einander auf der Straße am Blick. Aber selbst jetzt scheitert der Versuch, genau zu beschreiben, wie sich dieser Prozess des Verwandelns abspielt. Ich könnte es fast ganz in Gebärdensprache erzählen – aber es müsste mich jemand anschauen, der komponiert und dessen Muttersprache die Gebärdensprache ist.

Eigentlich sind meine Eltern Freaks.
Ich wuchs in einer Welt normaler Anomalien auf. Zum Problem wurden die Normalen mit ihren Anomalien. Ich war später erst in der Lage, stolz, sehr stolz auf meine Eltern zu sein. Meine Vorbilder im Aufrechtsein.
Brückenkind. Wenigstens auf einer Seite dieser Brücke Fuß zu fassen. Das müsste doch irgendwie gehen. Aber zuvor stand ich vor den Scherben meiner ersten Sprache. Mit meiner ersten Komposition für Gebärdensprache und Musik schmolzen diese Scherben zu einem Spiegelklang. In der Welt der Musik fand ich einen glitzernden, spiegelnden See.

Es gibt bis heute keine allgemeingültige funktionierende Schrift, um Gebärdensprache zu notieren. Dies heißt auch, dass mir bis heute eine Schrift für meine Muttersprache fehlt. Ich habe meine private eigene persönliche Möglichkeit gefunden: Ich übersetze Gebärdensprache in Musik. Und übersetze gesprochene Sprache in Gebärdensprache und schreibe diese Wortbilder auf, in einer Schriftsprache, die aus der Lautsprache kommt. Das ist mein Material. Das ist meine Technik. Ich bin Porträtkomponist. Und uncool.

1969/70 Saalbau Friedrichshain. Sportlerball. Hunderte Gehörlose. Einige Kinder. Büfett. Alle sind festlich gekleidet. Eine merkwürdige Stimmung. Und für mich als kleinen Jungen das Unglaublichste: Eine richtige echte Band. Mit Keyboard, Gitarren, Schlagzeug und Sänger. Steht auf der Bühne und spielt auf zum Tanz. Hunderte von Gehörlosen sitzen in Zehnergrüppchen an Tischen und unterhalten sich. Andere stehen zu zweit, zu viert, an den Wänden, in den Türen. Es ist still. Aber eine unheimliche, unglaubliche Bewegung in der Luft. Ein Rauschen von Händen. Ein Händewald im Sturm. Ab und an Laute. So wie: oehm pth aahyxch hawf ousah kaaaa mmhöe. Es wird getanzt. Auch als der Frontmann zwischen zwei Liedern eine Ansage macht. Oder die Musiker ein Break für eine Essenspause einlegen. Immer wird getanzt. Mit Band. Und ohne Band: Hunderte Pärchen tanzen miteinander und es herrscht Stille. Vermutlich wurden genau hier die ersten Weichen gestellt auf den musiktheatralischen Schienen, auf denen ich damals wie heute ohne ordentlich abgestempelten Fahrausweis fahre. Das Aufeinandertreffen von sich im realen Leben aus dem Weg gehenden Existenzen. Sich ausschließenden Welten. Seit ich Musik schreibe, vergeht kaum ein Monat, in dem ich nicht an diese Situation denke und mir vorstelle, wie es der hörenden Minderheit auf der Bühne gegangen sein muss, vor völlig tauben Menschen ihre Musik zu spielen. Keinesfalls sinnlos. Das Vergebliche im Bestreben einander mitzuteilen, sich nah zu sein, eine Gemeinsamkeit zu erleben, führt seitdem, was das Musiktheatralische angeht, wie ein roter Faden durch alles, was ich komponiere. Bei aller Komik und auch Tragik hatte es merkwürdigerweise nichts Bemühtes an sich. Die Tauben wollten auf ihrem Sportlerball eine Band auf der Bühne haben wie alle anderen Menschen, die feiern. Eine Selbstverständlichkeit. Ich saß auf meinem Stuhl, aß Käsebrote mit längsgehälfteten Gürkchen und Petersilienstängeln drauf, trank Brause und staunte. Die Musiker werden sich wahrscheinlich gesagt haben: Egal. The Show must go on.

Ich bilde Wirklichkeit(en) ab. Der Rest sind Fingerübungen oder freundlicher Bullshit. Ganz wesentlich ist für mich dieses Entzünden an oder von etwas, das fehl am Platz ist. Solisten ohne Gehör in der Oper: fehler am Platz kann man gar nicht sein. Und das war damals schon ein Sieg auch für meine Herkunft. Künstlerische Avantgarde und politisches Engagement gingen in der Musik immer schon Hand in Hand. *Revolutionen haben bisher nur in der Kunst stattgefunden.*

Ende der Achtziger ging es mir ausschließlich darum, Krankheitsbilder in Musik zu verwandeln. Anfang der Neunziger beschäftigte ich mich mit der nationalen und internationalen rechtsradikalen Szene und ihren Verbindungen in die amerikanische Hinrichtungsindustrie. Einschließlich dem sogenannten Leuchter-Report, verfasst 1988 als Gerichtsgutachten von dem US-Amerikaner Fred A. Leuchter. Dieser behauptet darin, in den deutschen Gaskammern habe kein Massenmord an Menschen stattgefunden. Der Report sollte den Holocaustleugner und Finanzier Ernst Zündel als Angeklagten in einem kanadischen Gerichtsverfahren entlasten. 2011: Soweit Ihre Firma Thiopental-Natrium enthaltende Arzneimittel in Verkehr bringt, möchte ich Sie eindringlich bitten, Lieferungsersuchen nicht zu entsprechen. So liest sich die Bitte eines deutschen Gesundheitsministers. Er wendet sich unter anderem an ebenjene deutschen Firmen, die eine ganz spezielle Historie mit dem Verkauf von chemischen Stoffen zum Zwecke der staatlich organisierten und sanktionierten Tötung tragen.

Die USA geht auch bei deutschen Pharmafirmen auf Einkaufstour. Um sich das hochgiftige Thiopental-Natrium für den Giftcocktail ihrer Hinrichtungsspritzen besorgen zu können. In einem Brief an Deutschlands Herstellerfirmen und den Pharma-Großhandelsverband, bittet! dieser Minister um einen Verkaufsboykott: Lesen Sie mal im Netz über all diese Leutchen. Einige von denen habe ich im Zyklus *(aus: kurz im Müll gestochert)* porträtiert. *LEUCHTER ZUENDEL DIENEL CAYABYAB.*

Anfang 2010 widmete ich meine Arbeit als *Artist in residence* beim Kurt Weill Fest Dessau einem Asylbewerber aus Sierra Leone: Der Afrikaner Oury Jalloh verlor in einer Dessauer Polizeizelle sein Leben. Er verbrannte. Auf einer der deutschen NPD-Webseiten erschien: Ein Afrikaner zündet sich an, und schuld ist mal wieder die Polizei. Das Dessauer Landgericht sprach den wachhabenden Polizisten von jeglicher Schuld frei. Später hat der Bundesgerichtshof das Urteil gekippt: Der Fall wird vom Landgericht neu aufgerollt.

Niemand ist illegal. Hab ich den Gästen meines Porträtkonzertes auf der Bauhausbühne Dessau zur Begrüßung gesagt. Niemand ist illegal. Unter diesem Motto stehen nahezu alle meine Arbeiten in Musik. Töne sind Worte. Brahms sagte: In meinen Tönen spreche ich. Sprache ist das Existenziellste, was es gibt. Meine Musiken kreisen um den Umstand, dass Menschen überhaupt Sprache und Beziehungen haben. Sprache ist Reaktion auf einen Mangel, Ersatz für Vermisstes, Ausfüllen einer Leere, Fühlen einer Losheit. Ich möchte nicht, dass als Ergebnis einer Arbeit herauskommt, dass Hörende und Gehörlose zusammengehören und alles irgendwie geht. Sondern ich will zeigen, dass es nicht geht und dass es wehtut und dass man das zu respektieren hat und beachten muss. Für mich gibt es kaum etwas Verletzenderes, als wenn Taube plötzlich beginnen zu sprechen. Oder Hörende gebärden. Ich suche nach genau dieser Sprache, die das Leiden weder glättet noch mildert (Adorno), die die Brüchigkeit sprachlicher Fremdheit in sich selbst zeigt. Ich fühle mich nicht wohl dabei. Sagt die gehörlose Solistin Christina Schönfeld, mit der ich seit meiner ersten Arbeit für Solo-Gebärdensprache und Gesang mit Ensemble und Elektronik *Wrong (Schaukeln-Essen-Saft)* gemeinsam arbeite. Genau dieses Gefühl der Beklommenheit: so geht es auch jedem hörenden Solisten oder jedem Choristen, der statt zu singen nun Texte gebärden soll, und zwar in der ihm komplex und befremdlich erscheinenden Grammatik des Raumes, der Gebärdensprache. Oder aber, laut Partituranweisung, Texte in Syntax und Satzbau der Gebärdensprache singen soll.

Um das weder Glätten noch Mildern geht es mir. Beide Sprachen, die der Hörenden und die der Gehörlosen, wandern in fremde Körper, fremde Sprachen. In ferne Sprachumgebungen. Ich gestatte ihnen nicht den gewohnten und abgesicherten, versicherten Ausdruck: Man könnte singen, muss aber gebärden. Man könnte gebärden, muss aber sin-

gen. Fehlfühlen. Eine Wunde, ein Unsein wird sichtundhörbar. Die ist meine poetische Fiktion.
Oder fiktive Poesie.

Der Maler soll nicht bloß malen, was er vor sich sieht, sonder auch, was er in sich sieht. Sieht er aber nichts in sich, so unterlasse er auch zu malen, was er vor sich sieht. (Caspar David Friedrich). Mein Meisterlehrer Georg Katzer erinnert mich an diesen Gedanken auf eindrucksvolle Weise.

Die Selbstverständlichkeit fehlt. Identität. Ich selbst kam mir manchmal vor wie ein Verschwundener. Ein Vertauschter. Durch die fehlende Selbstverständlichkeit im Zusammenhang mit Muttersprache und Vaterland hab ich einiges lernen dürfen.

Im Anfang war die Gebärde. Ich höre mit anderen Augen. Sehsucht.

Wie wird es wohl den Menschen, die mich zur Welt gebracht haben, mit mir gehen?
Bin ich, ihr hörendes Kind, ihnen fremd? Ein Fremdhaftes? Ich glaube, sie sind mir fremder, und ich ihnen auch, als ich wahrhaben möchte und erzählen dürfte.
Und dennoch ist mir die Welt der Zeichen und Bewegungen, in die ich hineingeboren wurde, in der Musik nicht einmal die geringste aller Rollen spielt, näher als alle anderen Welten.
Dies hat mehr, als ich wahrhaben kann, mit meiner Biografie als hörender Sohn gehörloser Eltern und seit fünfundzwanzig Jahren werdender Komponist zu tun.
Von den aus diesem KeinOrt entstandenen Geschichten, davon soll dieses Buch erzählen.

Du Mensch, verloren Du so
bin wie durch
Beweis so bin Stein und Beweis bis klar Quelle
zum Du Mauer Schutz und auch für
wie wehen ich Wind

Mein aber da innen Name
Du Mensch dein Verhalten so
mir kalt
im Zeichen zeigen Stein
der klar
Haus ich
wie wehen ich Wind

Haus ich
Korn ich Himmel kommt
Du Brücke für Stein
dunkel Haus Dein
klar sehen
Beweis so bin Stein
ich und
Abstand mit Band
traurig ohne zeigen
Worte meine Erde

How Fragile We Are
nach der Zeichnung *Cherubim*
(aus: Passionsreihe) von Hagen Klennert,
Musik und Text für ein deutsches und
ein israelisches Ensemble und Sprecherin

MOMENTAUFNAHME

Is this the real life?
Is this just fantasy?
Caught in a landslide
No escape from reality
Open your eyes
Look up to the skies and see
I'm just a poor boy (poor boy)
I need no sympathy
Because I'm easy come, easy go
Little high, little low
Any way the wind blows
Doesn't really matter to me, to me

Freddie Mercury, *Bohemian Rhapsody*

ICH ARBEITETE als Nachtwächter in einem Gaststättenobjekt im Volkspark Friedrichshain. Spielte viel Gitarre und las. Gegenüber war eine Buchhandlung. Bevor ich zur Nachtschicht ging, war ich meistens einer ihrer letzten Kunden. Eines Tages fiel mir ein Reclambuch mit dem Titel *Momentaufnahme* in die Hände. Im Untertitel stand irgendwas über Notate zur Musik der DDR. Weil ich mich für Musik und entfernt auch für Fotografie interessierte, dachte ich, es könnte was Tolles sein. Zu meiner Überraschung handelte das Buch aber nicht im Mindesten von Fotografie, dafür aber von toten und lebenden Komponisten der damals noch existierenden ostdeutschen Republik. Mir war bis dahin gar nicht klar gewesen, dass es so viele Komponisten gab und dass die meisten von denen auch noch lebten. Der Autor Frank Schneider analysiert, berichtet und erzählt. Sehr nahrhaft. Zumindest für mich, der null Ahnung von dieser Materie hatte. Es gibt Notenbeispiele für Chor, Singstimme, Orchester, Blechbläser, Streicher und Schlagzeug. Normale Notenköppe neben kryptischen Zeichen, die mich eher an frühe experimentelle Darstellungen aus Grafik und Malerei erinnerten. Oder an Geheimschrift. Ich las, entzifferte und klimperte dann auf meiner kleinen Gitarre. Hä? So? Echt? Schräg. Und bekam zum ersten Mal den Hauch einer Ahnung, dass es auch ganz ganz ganz andere Musik und Klänge geben musste als die, die ich bis dahin kannte. Und dass Melodie nur ein Aspekt von Musik ist. In diesen Räumen war scheinbar einiges möglich.

Instinktiv wusste ich seit dem dritten, vierten Lebensjahr von mir.

Ich hatte ein Bild von mir selbst. Und von diesem Leben, in dem ich mich befand.

Ein widersprüchliches. Und um da durchzukommen, musste ich mich entscheiden, Zeuge und Lügner zu sein.

Zeuge sein
Sobald das Echo die Stimme sieht

Eigentlich
Wollte ich dieses
Schwimmende Dorf
Nicht verlassen

Vor allem wegen dieser
Wunderbaren Musik
Die man dort sah

Eigentlich wollte ich nicht
Aber es war das Los
Das des geduckten taubblinden Nacktwiesels

Schließe die Augen
In Erwartung zu fliegen

Gebärdetes Gedicht aus der Oper *UNSICHTBARLAND*

7. Januar 1973 Berlin Alexanderplatz. Ich hab keine Lust, in die Schule zu gehen. Und damit meine ich nicht nur: an diesem Tag. Es ist ein längerfristiges Projekt. Mein Sonett. Das eigentliche Sonett ist eine Gedichtform, die im 13. Jahrhundert in Italien entstand. Ein Klinggedicht. Sonetto. Dante und so. Später auch Shakespeare. Döblin. Heiner Müller.

Mein Sonett ist wie das Anett ein Kassettenrecorder mit
der Kennung KT300 aus dem VEB Stern Radio Sonneberg.
Seit den Weihnachtsferien verbringe ich mit ihm meine Tage
und Nächte. Ich hab, sozusagen einstimmig, beschlossen,
in der Schulzeit, also zwischen acht und zwei, die U-Bahn-
linie Alex–Tierpark dauerhaft zu frequentieren. Manchmal
steh ich an den jeweiligen Ausgängen der Stationen und
höre laut die Songs der Les Humphries Singers, von T Rex,
Garry Glitter. Renft Wir Puhdys Stern Meißen Karat Karus-
sell Gunther Gabriel Uriah Heep Slade Silly Sweet. Bin stolz
wie Bolle. Und hab eine Mission zu erfüllen. Ich will allen
Werktätigen, die an mir vorbeilaufen, die weite nationale
und internationale Welt der Musik nahebringen.

Chöre vom ungeborenen Morgen
Das singende Ich über Du
In Höhe der Blindfarbe saugend klettern
Ein Schiff milcht durch den Raum meiner Höfe
Gleißend dunkelgrell stumpfen die Haare der Sterne
Auf Heuhunden schreitend, malvenlungenatmend

Das Reine der
Gefallenen vertrockneten Lilie
Stummt Sanftpapierblutasche
Wandernde Kindermuscheln
Einer Zungenreise
Meine Finger saugen sich ganz an Samt
Verwehter Steine
Singe neue Sümpfe und fremde Sterne

Nein, ich glaube nicht, dass Musik die Welt verändern
kann. Dennoch bestimmt das Darübernachdenken mein
heutiges Arbeiten. Musik hat die Kraft und Stärke, einzelne

Menschen zu verwandeln. Ich wurde samt diesem kompletten Neubaublock in der Gadebuscherstraße in Hohenschönhausen, noch auf meinem Sofa liegend, ins Weltall geschossen: Hörte zum ersten Mal die Klaviervariationen von Webern und dann *Kontra-Punkte* von Stockhausen gleich hinterher. Es war kein Hammerschlag, sondern der Amboss fiel auf meinen Kopf. Ich bin der, der von einer Oper erschlagen wurde. Zugleich aber auch zu neuem Leben erwachte und mich auf einem Sternenteppich wiederfand.

Bergs *Wozzeck*, Nonos *Al gran sole*, Schönbergs *Moses und Aaron*, Zimmermanns *Die Soldaten*. Immer, Sprache und Musik, Szene und Bild. Sakral. Intim. Gigantisch. Zärtlich.

Mit meinem Stuhl, der kurz zuvor noch im Palast der Republik festgeschraubt war, wurde ich beim Hören und Sehen der Kammeroper *missa nigra* von Friedrich Schenker in Räume geschleudert, die ich nie zuvor betreten hatte. Schlug ungebremst mit Nasenbluten im Foyer wieder auf. Und dann raus, über den Alex nach Hause. Lesen. Hören. Alles ersehnt. Die Musiken von Georg Katzer und Friedrich Goldmann, von Darius Milhaud, Alban Berg, Anton Webern, Yannis Xenakis, Helmut Lachenmann, Wolfgang Rihm und Hans Werner Henze, vor allem Bernd Alois Zimmermann schleiften mich auf unbekannten Böden. Zerrissen mir Hose, Hemd und Seele. Schuhe kaputt. Haare durcheinander.

Die Dinge warten auf ihren Zusammenhang.

Tonkünstlerverein. Je kleiner der Verein, desto größer das Gegacker, könnte man meinen. Was ich aber erlebte, waren Menschen, die sich einer Sache verschrieben hatten. Der Musik. Der Jetztmusik. Hiermusik. Lustige alberne ernsthafte gebildete poetische politische herzliche Typen. Ein grundsätzliches Interesse an der Arbeit des Anderen. Die Lust am Forschen und Suchen. Wahrscheinlich hält jeder bedeutende Komponist seine Kollegen für unbedeutend und überschätzt. Diesem Brauch huldigte dort und damals aber kaum jemand. Es war dort ein tiefer Ernst und eine heilige Lust, in Erichs Lampenladen. Mit Menschen.

Endlich. Endlich gab es da ein Kontinuum. Kein Vorher-nachher mehr. Konzipierte und freie, gerichtete Improvisation mit strukturell notierter Musik. Serielles, Jazz mit Barock, Pop mit Neuer Musik. Velazquez mit Bacon oder Beuys. Mondrian wie Dürer und Giacometti.
Ich entdeckte in mir eine Freude an der Struktur. Langsam erkannte ich hinter der auf den ersten Blick erscheinenden Manieriertheit Neuer Musik die Ernsthaftigkeit der Figuren und Freude an der Form. Sie wurden mir zu Abbildern und Allegorien dessen, was mich immer schon umgab. Die mir manchmal zu redundant (ich begann mich zu langweilen) gewordene Sprache der Klassik, des Rock, des Barock, des Jazz, der Renaissance und des Blues war urplötzlich aufgebrochen. Der Schnee des Quintenzirkels weggetaut. Und darunter warteten Landschaften voller fremder Gewächse und Wesen, dessen Sprache mir noch nicht vertraut war, mich aber ansaugte wie der Mahlstrom. Wie ein Versprechen.

Nach dem Besuch solcher Konzerte sah ich aus wie ein Heizer auf einem Ozeandampfer, der nebenbei noch als Tierchirurg arbeitet. Kein Traum mehr ohne diese Sprachen und Klänge. Ich dachte nichts. Aber ich wusste: Dies alles wird mein Leben ein und für alle Mal verändern. Ich konnte mich kaum schlafen legen, weil ich nicht auf den nächsten Tag warten wollte. Ich zitterte vor Freude und hatte zugleich Angst vor dem Fremden und dem Fremdwerden. Aber darin kannte ich mich aus. Ich hatte das Sprechen verlernt, aber ein Hören gefunden. Andere Augen.

Es bedarf nur einer Kleinigkeit.
Poesie in Gang setzen. Nie Zurück.

Ich der Ort wo ihr das du gebiert
An dem wir alle mit den Mündern wandern
Durch Wimpern atmend

sehe ich mich auf einer Brücke. Links die Welt der Stille, in der das Auge herrscht und Bewegung Sprache ist. Rechts die laute Welt, die Welt der Anderen. Hier herrscht das Ohr mit dem Auge, die LautSchrift. Eine anziehende Bedrohung. Die Töne, deren Ort, Bewegung, Klang und Sprache, deren Leben und Sterben ich spät kennenlerne, spiegeln für mich etwas wider, das mit der Kategorie, die alles bestimmt, zu tun hat: Unsicherheit. Entbehrung. Tröstung. Kraft. Und Gestalten: Isntmpf Chyieee Sntapfm Phyyyyyxx Kesniepfch Chnsnpfg Hyjs Nieukpc

in diesen Zwischenräumen
Von dem einen Traum und dem folgenden
Das Feuer und die Asche
Der zartweißen Luft
Dazwischenander: ragen

die beiden Seiten der Brücke. Sie finden in meinem Leben ausgerechnet nur in der Musik zueinander. Ich bin Komponist nicht erst geworden, ich habe schon immer Musik gebärdet. Sehr früh, als eine Art innerer Fünffingermonolog zweier oder mehrerer Hände. Mit dem Körper. Mit (seinen) Zeichen. In Schriften. Und aus diesem Monolog und all seinen Verästelungen forme ich meine Noten. Das geistige Auge, mit dem ich komponiere, muss immer trainiert werden. Wie ein Muskel. Gebärdensprache ist dadurch, dass sie visuell funktioniert, gekoppelt an diesen Muskel.

Stimme Papa. Wie kaputte Bremsbeläge. Oder mittelgroße Kreissäge. Langgezogene Töne in der oberen Lage eines Altsaxophons. Stimme Mama. Bassklarinette. Tiefe Lage. Um H herum. Ein Ton, der durch ein einzelnes schwingendes Rohrblatt entsteht. Bei Altsaxophon und Bassklarinette, die zu den bekanntesten Einfachrohrblattinstrumenten gehören, bringt der Luftstrom, der vom Musikanten in das Instrument geblasen wird, das am Mundstück befestigte Rohrblatt zum Hinundherschnellen, und es entsteht eine Schwingung in der Luftsäule.

Mit etwa Fünfundzwanzig habe ich Notenschrift lesen und mit einer Gitarre nachspielen gelernt. Picasso, der im Kindesalter zu malen begann, hat erklärt, dass es anders als in der Musik in der Malerei keine Wunderkinder gebe: Was die Menschen als frühreife Begabung betrachten, ist die Begabung der Kindheit. Sie verschwindet allmählich, wenn sie (die Kinder) älter werden.
Die meisten Kinder, die im Alter von acht Jahren brillante Leistungen am Klavier oder beim Fußballspielen bringen, nehmen ihr Können nicht mit ins Erwachsenenalter. Bei mir muss das Ganze die ersten zwanzig Jahre gepennt haben. Ich hatte damals definitiv das Gegenteil von ADHS.

Als ich zum erstenmal Menschen sprechen hörte, war mir das fremd. Heute erscheint mir die Lautsprache wie eine interessante, in meinem damaligen Kulturkreis der Gehörlosen ausgestorbene exotische Vogelart, deren Semantik mir verborgen bleibt. Die Musik kam später zu mir. Aber mit umso mehr Kraft und Erschütterungen.

Wahrscheinlich brauchen Typen wie ich, die sehr spät längere Zeit innerhalb der Musik verbracht haben, Klänge, um sich ihres Lebens versichern zu können. Das halbwegs überschaubare kleine große normale private Leben reicht nicht mehr. Erst die Musik macht sie zu dem, was sie wurden, waren und werden.

Mit Zwölf saß ich mit einem Mikro andächtig und heißgesichtig und mitsingend vorm Fernseher und nahm Ilja Richters Hitparade auf. Meine Eltern hatten das alte Stassfurt Gerät irgendwann angeschafft, damit meine Mutter ihre Lieblingsserie, die ich ihr übersetzen musste, und Eiskunstlaufen und mein Vater Fußball schauen konnte. Für meine Eltern hatte ich ein Schild mit roter Druckbuchstabenschrift an die Tür gehängt: Bitte nicht stören! (Der Geräuschpegel im Alltag der Gehörlosen ist brutal. Es hört ja niemand, wie die Tasse auf den Tisch scheppert oder die Tür knallt.) Meine Eltern hatten keine Ahnung, was ich da trieb, aber irgendwie spürten sie, dass das ein ernster, fast sakraler Akt war. Gottesdienst. Mein Vater immer lächelnd: Aahssoh. LaLaLa. Aeölmuuhneö.

Für mich: Ritual. Das Einzige. Ich wurde süchtig.

Gleichzeitig war es sicher auch meine kleine Rebellion gegen die Welt der Stille und Bewegungen. In den Momenten, in denen ich mich der Musik zuwandte, konnte ich meine Eltern und den Rest der Welt ausschließen. Ich werde nie vergessen können, wie ich an meinem Schlagzeug saß, bestehend aus nur einem Becken, aber super montiert auf einem Ständer. Ich öffnete die Fenster. Alle sollten mich hören und wissen, was ich kann. Ich drosch darauf ein, bis die Schlägel zersplitterten, das Becken verbeult war und die Nachbarn Sturm klingelten. Meine Mutter saß zwei Meter entfernt seelenruhig neben mir und strickte blaue Pullover mit Zopfmuster in der Brustmitte. Silbriges Klippklapp war zu hören, wenn mein Becken schwieg. Alles LaLaLand.

1975 Vierzehn. Ich übertreibe nicht, wenn ich sage, dass es das sicherlich schlimmste Jahr in meinem Leben war. Und so wie Queen ihren Hit *Bohemian Rhapsody* bei jedem ihrer Konzerte spielten, hörte ich ihn jeden Tag nach der Schule in voller Lautstärke.

Das war meine erste Oper, die ich hörte: Mich traf erstmals diese eine Kraft, die mir bis dahin verborgen war. Und ich lernte, bei aller Intuitivität, diese Kraft effektiv, planmäßig und ergebnisorientiert einzusetzen. Schloss jeden Nachmittag einen Schutzraum auf, in dem ich atmen konnte. Der mir half, das, was ich tagsüber erlebt hatte, umzuformen. Und ich erhielt in diesem Raum den Glauben daran, den nächsten Tag zu überstehen. Ich sang laut mit. In meinem Inneren gebärdete ich. Englisch, obwohl ich kein Englisch sprach oder verstand. An diesen Nachmittagen wurde *Bohemian Rhapsody* für mich zum Wichtigsten, was ich hatte. Und Freddie Mercury ist seitdem mein Idol. Niemand sonst in meiner Klasse konnte sich mit dem kurzhaarigen hosenträgertragenden schwulen schnauzbärtigen Klavierhasenzahn identifizieren. Freddie Mercury war mein Beschützer. Dieser Mut – das seinerzeit auch in Amerika offen gezeigte Schwulsein und die daraus resultierende Abneigung der Öffentlichkeit. Diese Leckmichamarschhaltung der gesamten Band, diese Posen, dieses Groteske, Opernhafte, die Poesie, das Brutale, Zerbrechliche: I dress to kill, but tastefully. Über Geschmack lässt sich nicht streiten. Was ich damals nicht einmal ahnte, was mich aber bis heute beschäftigt und berührt, ist die für Popmusik ungewöhnliche Form von *Bohemian Rhapsody*. Auch der Umgang mit Sprechgesang, Sologesang, Chorgesang, Elektronik war für damalige Verhältnisse und für die Gewohnheiten der redundanten Popmusik nahezu revolutionär. Form und Inhalt auf Augenhöhe. Dieses Gitarrensolo von Brian May gehört neben einigen von David Gilmore, Frank Zappa und Jimi Hendrix zu den sprechenden erzählenden singenden Gitarrensoli überhaupt. Naja Hendrix. Dschaimi, wie wir ihn immer nannten. Einmal ein Hendrixsolo gehört (die preiswerteste Methode, sich von Stern zu Stern zu beamen), gibt es kein Zurück zum Freiluftdixiland vor dem Dresdner Kulturpalast.

NR. 1 (AUS: KOMA)

Bin ein einsamer Wanderer, vom Weg abgekommen,
weiß nicht wo ich bin und nicht mehr wohin.
Regen im Gesicht, die Gegend kenn ich nicht.
Bin ein einsamer Wanderer, hab mich total
*   verlaufen.*
Meine Freunde werden sicher schon mein Hab und
*   Gut versaufen.*
Ich stecke fest im tiefen Dickicht, finde hier
*   nicht raus.*
Bin ein einsamer Wanderer, wär am liebsten wieder
*   zu Haus.*
Bin ein einsamer Wanderer, bin plötzlich abgestürzt.
Hab geträumt im Gehen, die Schlucht übersehen.
Kann mich grade noch fangen, der Felsen bröckelt ab.
Bin ein einsamer Wanderer, die Schlucht wird wohl
*   mein Grab.*

Jörg Wilkendorf/Die Wilderer,
Schlusslied in der Oper WOZZECK *kehrt zurück*

Mit Fünfundzwanzig klaute ich in einer Kinderund-jugendbibliothek eine Eterna Schallplatte: Béla Bartóks Streichquartette. In einem unbeobachteten Moment steckte ich mir die Schallplatte einfach in meinen Rücken. Jeans auf, Hemd drüber. Keine Ahnung warum. Ich kannte Bartók nicht. Was für Rhythmen. So kühl und zerbrechlich, zugleich warm und vertraut. Erzählend eben. Vor allem aber dieses Intensive der Musik und der Musikanten: Das allein war der Grund, dass ich beschloss, jetzt sofort mein erstes Streichquartett zu schreiben. Mein Erstes. JETZT. Ich konnte nicht ahnen, dass das so lange dauern würde. Zumal ich auch nicht wusste, dass man die Bratsche im Altschlüssel notiert und das Cello meistens im Bassschlüssel, manchmal aber auch anders. Nicht davon zu reden, dass die meisten Komponisten mit Streichquartettschreiben erst beginnen, wenn sie richtig was draufhaben. Manche erst am Ende ihres Komponistenlebens. Königin der Gattung Kammermusik! Haydn Mozart Beethoven und so. Es zeugt entweder von Dummheit, Ignoranz oder von übersteigertem Selbstbewusstsein, wenn man einfach mal so ein Streichquartett schreibt, ohne dass man einen Schimmer davon hat. Glücklicherweise hatte ich das *ABC Musik* von Wieland Ziegenrücker, in der achten Auflage, VEB Deutscher Verlag für Musik Leipzig 1977. Seite Vierundzwanzig Tabelle Klaviatur, von der Subkontraoktave bis zur fünfgestrichenen Oktave. Liegt heute als Kopie zusammen mit einem Foto von Mike Tyson auf meinem Schreibtisch. Hilft immer noch. Auf Seite Zweiundzwanzig, Kapitel Einundvierzig stehen die entscheidenden Sätze: Von den C-Schlüsseln sind heute noch der Altschlüssel (Viola) und der Tenorschlüssel (Violoncello, Fagott, Posaune) anzutreffen. Übersicht des gebräuchlichen Tonraumes in Bezug auf Violin- und Bassschlüssel.

Wzzdszhbkottssetfvjkkjgcnjfdsetzjibfdv
Darauf hockten sich VierFingerTiere
zischten drölvbyrb
Ich schmolz die KugelStabenFähnchen zammen
Ich kann das Grün riechen sehen
UhubraunZack EstelSchilff blutschwarz WellenSpiegel
Hockten sich RabenkrallenRuderbänke türkisrohtriefend
in meine SchuppenKlänge,
die sich um meine Handgelenke schleimten
Und sie sangen Fähnchen:
Buzgfoiugewfbiuhuhberfiuheruhhiuhfrzreiowurrhoiefr
Daheraus wuchsen vier NebeneinanderAuen
dotterheim suchten sie mich durch den NachtRauch
Und auf Blutigem glitschrutschte ich zu den FremdOrten
Niemand hör
Oben in den TagBergen
sang Höhlenlieder mit MetallFedern:
Huischhch hzch hczh – brannte inwendig meine
SprachAsche auf und nieder

1987 schrieb ich mein Erstes Streichquartett (erstes gezähltes Werk). Aber kannte so gar niemanden. Auch keinen Menschen, der Geige oder Cello spielt. Wusste gar nicht ganz genau, was das alles ist. Wusste nicht, was ich dort vor dem Aufschreiben gesehen hatte.

Ich lernte Tipptoppnotenschreiben in einem Streichquartett. Als ich der Meinung war, es zu Ende geschrieben zu haben, ging ich damit zu Professor André Asriel. Vermittelt durch seinen ehemaligen Kompositionsschüler Klaus Feldmann, der mit seinem Bruder Reiner Feldmann *das* Gitarrenduo in der DDR und darüber hinaus war.

Mit der Straßenbahn Vier oder Dreizehn Richtung Warschauer Straße. Dimitroff Ecke Greifswalder. Frankfurter Tor. Fahrstuhl bis ganz nach oben. Gefühlte vierundzwanzigste Etage. Frau Asriel empfing mich. Unglaublich nett. Herr Asriel erwartete mich mit Tee und Gebäck, rauchte Pfeife. Prestige Tabak. Es roch nach Vanille. Ich fühlte mich ein bisschen wie Weihnachten. Ich der kleine Junge, er der Weihnachtsmann. Bei meiner ersten Begegnung mit dem Weihnachtsmann auf dem Berliner Weihnachtsmarkt am Alex (meine Eltern wollten unbedingt ein Foto von ihm und mir für die Schrankwand zu Hause) fing ich an zu weinen. Katastrophe. Katastrophales Bild.

Diesmal blieb alles trocken. Es gelang mir, dieselbe innere Aufregung wie damals zu beherrschen. Aber ich zitterte. Es war kein Spiegel in der Nähe, aber ich wusste, oberhalb meines blau karierten Hemdes sah ich aus wie eine Feuerwehrkarosserie. Er schaute auf meine Streichquartettnoten. Stille. Ich guckte aus dem Fenster. Hier oben unter dem Dach des Frankfurter Tores war die Stadt ganz klein. Kaum zu hören. Ich betrachtete den Pfeifenqualm und seine Hausschuhe. Die Thermoskanne Tee auf dem kleinen runden Tisch. Der erste Professor, dem ich gegenübersaß.

Mein Professor.

Er: Wie kommen Sie dazu, ein Streichquartett zu schreiben? Ich: Wzzdszhbkottssetfvjkkjgcnjfdsetzjibfdv. Hmm na ja so und so. Ooochhh ähhhmm.

Buzgfoiugewfbiuhuhberfiuheruhhiuhfrzreiowurrhoiefr.

Er: Ja, aha. Wo und bei wem haben Sie studiert?

Ich: VEB Autobahnkombinat Dresden. Spezialisierung Tiefbau. Drainage und so.

Er: Ah. Ja.

Ich: Schwitze. Meine Stirn und meine Achseln sind leider ganz nass. Wie früher in der Schule. Und beim Weihnachtsmann. Aber ich weine nicht. Mein Professor ist sehr nett zu mir.

Er: Ich hatte mal einen Schüler, bei dem war – egal was er schrieb – der tiefste Ton immer ein E. Bei Ihnen lese ich zum Teil so tiefe Töne, die es auf dem Cello gar nicht gibt. Wer soll das spielen? Erstaunlich, dass Sie ohne jeden musikalischen Hintergrund mit einem Streichquartett zu mir kommen. Wie kann ich Ihnen helfen? Haben Sie Kontakt zu anderen Komponisten? Ich fürchte, ich bin zu alt für diese Art von Musik. Aber es ist interessant, was Sie da geschrieben haben. So ohne jede Vorbildung und Kenntnis dieser Gattung. Haben Sie Komponisten, die Ihnen besonders liegen?

Ich (sehr sehr schnell gesprochen): Georg Katzer und Friedrich Goldmann.

Er schrieb zwei Briefe. Wahrscheinlich so: Verehrte Kollegen, schicke Ihnen hier einen jungen Mann, weiß auch nicht, wo der herkommt. Er hat unter anderem ein Streichquartett, das ist vielleicht ein wenig bemerkenswert in diesem, seinem Zusammenhang. Bitte nehmen Sie sich wenn möglich seiner an.

Kaum zu glauben, aber einige Tage später lagen zwei Briefe im Kasten. Und plötzlich saß ich direkt im Arbeitszimmer dieser beiden von mir angehimmelten verehrten Komponisten. Nicht zu fassen. Was der Frankfurtertorprofessorweihnachtsmann alles kann.

Bis heute lebe ich von diesem Moment, in dem ich spürte, dass Asriel im Stillen Ja zu mir sagt und mich genau an diejenigen weiterschickt, die mir und meiner damaligen Baby-musike die Türen öffnet. Türen, die ich in meiner Situation nie im Leben allein hätte finden und aufstoßen können. Da-hinter wartete auf mich eine mir noch fremde neue beängs-tigende verlockende Welt. Ich wollte gar keine andere mehr. Da ist ein Geheimnis. Und alles was ein Geheimnis ist, war gut. Wie ein Versprechen.

Als ein Anderer trete ich aus der Haustür. Raus aufs Frank-furter Tor. Die Kreuzung brodelt. Ich auch. Durch die Be-gegnung mit Asriel bin ich gleich um zwei Meter gewach-sen. Also jetzt gefühlte Dreieinundneunzig. Passe nun nicht mehr in die Straßenbahn. Geh ich lieber zu Fuß. Mit meinen Partituren unter dem Arm. Die Bersarin hoch bis zur Ecke Prenzlauer. An der Straßmann vorbei, meiner alten Schule. Denke: Wenn ihr wüsstet. Pah! Und male mir aus, welche rauschenden Erfolge meine Musiken, die ich nun möglichst sofort komponieren werde, im Inundausland feiern. Aus-land? Fame. Jetzt!

Zwanzig Jahre nachdem die Ostdeutschen überallhin reisen können, mögen sie selbst keine Wanderer in ihrem Deutsch-land empfangen. Heutzutage sind neunzig Prozent der Rei-senden Flüchtlinge. Und Wanderer sind Einwanderer. Sich dagegen zu stemmen mit Thesen und Gesetzen ist in etwa so, als wenn Stammtische den November abschaffen woll-ten. Hätten ab 1933 einige Staaten mehr so gehandelt, wä-ren die Gebrüder Mann Tucholsky Brecht Dessau Feucht-wanger Schönberg Hesse Eisler und so weiter und so weiter in den Zuchthäusern gelandet. Und am Galgen, im Gas. Ne-ben ihren brennenden Werken.

1988 komponierte ich zum ersten Mal Musik auf einen Text. Meine sozusagen erste dokumentarjournalistische Musikarbeit. Genau weiß ich es nicht mehr, weshalb ich ausgerechnet Franz Josef Strauß als Textdichter wider Willen die Ehre gab. Die Weiche, das ist ganz sicher, stellte Reiner Bredemeyer. Ein Komponist, 1929 in Kolumbien geboren, der, durch Dessau und Eisler angeregt, aktuell politische Musik schrieb. Dabei sehr pointiert, humorvoll und intelligent witzig. Das gute, intelligente Witzig, meine ich. Er vertonte zum Beispiel Texte des Politbüros aus dem Neuen Deutschland und holte den Text der allseits bekannten *Winterreise* ins Heute. Ich war elektrisiert durch diese aktuellst vom einen Tag auf den anderen reagierende Arbeitsweise, das kompositorische Eingreifen in reale draußen ablaufende Prozesse. Ohne wirklich einen Schimmer vom Komponieren zu haben, vertonte ich den Strauß-Satz: Ein Volk, das diese wirtschaftlichen Leistungen vollbracht hat, hat ein Recht darauf, von Auschwitz nichts mehr hören zu wollen. – Zitat aus der Frankfurter Rundschau, 13. September 1969. Ich wusste, wenn komponieren und wenn überhaupt mit Text, dann so. Wirtschaftswunder besiegt Vernichtungswunder. Keine Fragen mehr von Moral Ethik Religion Kultur.

Fünfundsechzig Jahre nach Ende des Zweiten Weltkrieges wird versucht, aus Auschwitz/Oświęcim irgendwie ein charmanteres Fleckchen zu machen. Damit die Jugend und die Alteingesessenen nicht immer mit diesem Stempel auf der Stirn herumlaufen müssen. Nicht mehr ausschließlich mit dem Vernichtungslager in Verbindung gebracht werden. Ist zu verstehen. Ein anrührendes und schrecklich kurzsichtiges Vorhaben. Und die deutschen Reisebewegungen im Jahr 2011. Statt Panzer wird deutscher Atommüll nach Russland geschickt. Tausend Tonnen immer mal nach Novouralsk, in Zwischenlager, wie es heißt. Also in echt, offene Wiesen. Bis jetzt circa zweiundzwanzigtausend

Tonnen. Aber der Kram (abgereichertes Uran, Uranhexafluorid) strahlt ewig oder noch länger. Vierzig Jahre hats in der DDR gedauert, bis die gemerkt haben, dass sie eine Demokratie wollen. Und sechzig Jahre hats in der BRD gedauert, bis die wegen eines Bahnhofs in Stuttgart merkten, dass sie eine haben. Egal. Ich bin sehr für Vergegenwärtigung als Weg. Und kann nicht über Leopard2Regierungstreppenwitze lachen.

Stuttgart im Februar 1990. Der Direktor von Schloss Solitude holt mich vom Bahnhof ab. Aus der Hüfte geschossen hat Lothar Späth, der Ministerpräsident Baden-Württembergs, wenige Monate nach der Wende für junge DDRkünstler aller Sparten ein Europareisestipendium eingerichtet. Mein erstes Weststipendium. Im Osten habe ich keins gekriegt. Hatte mir sowieso vorgenommen, im Osten zu bleiben. Nicht unbedingt wegen der Vaterlandsliebe. Sondern: Reisephobie. Mich hat eine Reise, gar nicht zu reden von einer Ausreise, in den Westen nie interessiert.
Der Beginn der Europareise führt mich in den Südwesten der alten neuen Republik und erinnert mich an meine Eisenbahnplatte. Hinter der ehemaligen innerdeutschen Grenze bin ich plötzlich Gulliver. Miniklein sitz ich in einem dieser Waggons. Fahre durch eine eben gerade fertiggestellte Landschaft. Alle Dächer neu. Alle Bäume gerade eben erst aus dem Boden geschossen. Alle Zäune jeder Weg die Lampen. Alles neu. Ganz schnieke. Irgendwie befremdlich und ein bisschen sehr picobello. Aber schön. Ja. Ja.

Güten Dagh, sagt der dunkle schmale kleiner als ich höfliche Franzose am Gleis sieben zu mir. Heute würde ich sagen: definitv ein jüngerer Bruder von Sarkozy.
Ich: Tach. Wie kommn wa denn jetzte dahin zum Schloss?

Er: Isch abe ain Otomobil.

Ich: Und äh … die anderen Stipendiaten?

Er: Sie sinde schone da.

Ach du Scheiße, denke ich, die haben mir im Großraumstipendiatenschlafsaal bestimmt das Bett in der Mitte freigelassen. Weil ich der Letzte bin, der ankommt.

Er: Sie aben natürlisch ein eigenes Simma.

Ich: (sag nix)

Riesenschloss aufm Berg. Mit Wandelgarten. Alles neu gemacht. Ich bekomme ein Zimmer im zweiten Stock. Eine Dame begleitet mich hinauf. Ich sehe zum ersten Mal eine Wendeltreppe in echt, mitten in einer Wohnung. Unten ein Steinwayflügel. Dabei spiele ich gar nicht Klavier. Oben alles in Chrom und Leder. Sogar die Küche. Ich fühle mich unwohl wie Sau. Bin froh, dass es ein Reisestipendium ist. Nach ein paar Tagen bin ich weg.

Obwohl ich Reisen hasse, hab ich ein Luftkissen gekauft. Vier fünf Tage später, eine Fußgängerzone in Wien. Keine Ahnung warum, aber ich habe mir eine Route ausgesucht, die mich nach Österreich führt. Kann mich dunkel erinnern: muss mit Webern und Schönberg zu tun gehabt haben. (Danach weiter in die Südschweiz. Wegen Hesse.) Ich stehe auf einer der größten Einkaufsstraßen Wiens. Menschen strömen schlimmer als am Frankfurter Tor und Alex. Beiß mir meine Unterlippe blutig. Alles verschwimmt. Mir wird heiß. Ich merke, dass ich gleich heulen muss. Will ich hier aber nicht unbedingt. Öffentlich. Bei den Ösis. Vor mir sitzt auf einer kleinen bunten Decke ein sehr dunkelhäutiger Afrikaner. Und er spielt auf einem großen Instrument, dessen Namen ich nicht kenne. Neben ihm steht ein sehr schräger dicklicher weißer lachender Wahrscheinlichösterreicher mit zwei Löffeln am Knie. Und was die beiden dort in der Fußgängerzone aus der Lameng zaubern, hoch virtuos und einfach so und natürlich auch zum Geldverdienen, für jeden, der Lust hat zu verweilen, wirft mich in diesem Moment zurück auf das, was man gemeinhin Herkunft nennt. Damit meine ich nicht ausschließlich mein Elternhaus. Sondern die Erfahrungen, die ich nicht machen durfte in dem Teil Deutschlands, in dem ich groß geworden bin: echte Straßenmusik. Wie haben die uns verarscht. Eh, Alta. Aber wir habens gewusst.

Ich werde diese Gesichter der beiden nie vergessen. Ihre Klänge und Rhythmen, die Improvisationen, alte traditionelle Musik verbunden mit sehr experimentellen freien Momenten, die mit dem Strömen des Wiener Berufsverkehrs zu tun haben. Bestimmt kannten die sich nicht mal persönlich. Musik. Unfassbar. Und völlig unerwartet. Wie ein violetter Blitz.

30. März 1979. 23. Spielminute. Aus einer schnellen Angriffsbewegung heraus kommt es zu einem folgenschweren Sturz. Der damals weltbeste Handballer Joachim Jo Deckarm erwachte erst hundertzweiunddreißig Tage später aus seinem Koma. Er war mit dem Kopf auf den Boden aufgeschlagen und hatte schwerste Schädelverletzungen erlitten. Durch diese Hirnschädigung fiel er motorisch auf das Niveau eines Kleinkindes zurück, konnte nicht mehr laufen und hatte die Fähigkeit zu sprechen verloren. Deckarm war mit seinem VfL Gummersbach drei Mal Deutscher Meister und zwei Mal Europacupsieger, bestritt mit der Handballnationalmannschaft der BRD hundertvier Länderspiele und wurde Weltmeister. Er hat sich zwar nach diesen hundertzweiunddreißig Tagen mit unmenschlicher Kraftanstrengung, mit gezielten Therapien und einem speziell entwickelten Trainingsprogramm in dieses Leben zurückgekämpft. Er ist aber nach wie vor auf den Rollstuhl angewiesen und lebt gegenwärtig in einer Einrichtung für betreutes Wohnen.

Hier ist er wieder, dieser Moment, von einem Bruchteil einer Sekunde zur nächsten, der uns starke fähige trainierte Lebewesen zu einem zerbrechlichen fragilen flüchtigen Etwas werden lässt. Uns unmittelbar vom Jetzt in einen Zwischenraum, in ein verschlucktes Warten befördert. Koma meint aus dem Griechischen übersetzt: tiefer Schlaf. Wo, was und wer sind wir, wenn wir schlafen? Einer der tragischsten Sportunfälle der deutschen Geschichte ist Auslöser, meinem ersten großen Kompositionszyklus den Titel *aus: Koma* zu geben. Im übertragenen Sinne beziehe ich den Begriff Koma auch auf die DDR zwischen 1988 und 1989. Ein ganzer Staat fällt auf den Kopf und bleibt liegen. Fühlt sich nicht mehr. Hört auf zu denken. Atmet aber weiter. Fällt nach knapp vierzig Jahren Leben in einen tiefen Schlaf. Wird, während er schläft, sozusagen um die Ecke der Geschichte gebracht.

Ich habe Fotos davon gemacht. Keine echten. Aber ich hab es mir vorgestellt, wie es ist, wenn ich in dem Moment auf den Auslöser drücke, wenn ein ganzer Staat auf den Kopf fällt und liegen bleibt. Diese Westkameras, man braucht nur den Auslöser gedrückt halten, und sie machen zip zip zip zip zip.

Und das, genau diesen Moment, komponiere ich.

Momentaufnahmen, die in Klängen Gestalt finden.

Lesen Sie das Wort Koma einmal rückwärts.

Ich erzähle in meinen Arbeiten nur zum Teil Persönliches. Erst einmal vermusiziere ich die Erlebnisse, die mich berühren. Und gehe davon aus, dass dies auch andere Menschen berühren wird.

Eine Prise Journalismus, vor allem Beobachtungen, Wahrnehmungen, Geschichten anderer Menschen, und dies alles mit Fiktion und Imagination und Verschlüsselung verschränkt: Das ist meine Musik. Bis zum heutigen Tag.

Nr. 1 (aus: Koma) für Gitarrenduo komponierte ich für das Gitarrenduo Feldmann. Während der ersten Probe floss Blut. Genau so wie ich es mir immer vorgestellt hatte. Extremstes Musizieren, existenziell hart dreckig verzweifelt eingeschlossen ausbrechend. Knalldirekt. Vom Kopf und aus dem Herzen. Die Premiere sollte in Westberlin stattfinden. Zu dem Zeitpunkt stand die Mauer noch. Ich konnte nur am Schlagbaum des Brandenburger Tores stehen und meinen aus dem Westen herüberwehenden Klängen lauschen. Ähnlich wie die DDRjugend bei Konzerten von David Bowie, Neil Young, Pink Floyd, Depeche Mode oder Michael Jackson an diesem Ort gelauscht hat. Die SEDapparatschiks und die Bosse der FDJ wurden säuerlich über die Konzerte auf der Wiese vor dem Westberliner Reichstag. DDRjugendliche versuchten in unmittelbarer Nähe zum Brandenburger Tor und dem direkt angrenzenden Todesstreifen wenigstens akustisch etwas mitzubekommen. Die Mauer muss weg. Schubsereien mit den Ostbütteln in Zivil. Vopos verjagten zum Teil Gleichaltrige brutal mit Schlagstöcken. Festnahmen durch die hauptberuflichen Sicherheitsorgane waren keine Seltenheit.

Aber meine Musik war so leise, dass sie vom Konzertsaal in der Bundesallee nicht bis zum Brandenburger Tor wehte. War auch sonst niemand mit mir vor Ort.

Mitte November 1988. Palast der Republik. Derselbe Ort, an dem ich wenige Jahre zuvor zum allerersten Mal im Leben Neue Musik live sah. Gerade eben war ich zum dritten Mal auf dem Klo. Durchfall. Gleich trete ich mit Sabine vor das Publikum und spiele *Nr. 1 (aus: Koma)*. Gleich werde ich dort sitzen, wo die Musiker saßen, die mich in ihre Welt zauberten. Es ist rappelvoll. Vor zwei Tagen ist bei einer Probe zu Hause wegen hoher Konzentration und einer

Interpretationsverschiedenheit einer unserer wenigen Stühle kaputtgegangen. Jetzt sitzen wir nebeneinander im Scheinwerferlicht. Nichts zu sehen vom Publikum. Und es ist uns beiden sehr klar, welchen Schritt wir gerade im Begriff sind zu gehen. Vier Jahre zuvor kam Sabine auf die Idee, klassische Gitarre zu lernen. Es sollte für sie eine existenzielle Entdeckung und Weichenstellung für die kommenden Zeiten sein. Und ich hing mich in ihren Windschatten, begann auf Grundlage ihrer Musikschulhausaufgaben Noten zu lernen. Sie half mir. Schrieb zu jedem Gitarrengriff die genaue Notenbezeichnung. Es war mühsam mit meiner seit den Schultagen ausgeprägten Lernschwäche. Dann wollte ich auch noch unbedingt gleich die Bourrée von Bach spielen. Nicht nur wegen Jethro Tull. Und die Bachfuge in a-Moll: da da da da dadada da. Ich hatte schon genug Zeit verloren. Das Problem war, ich konnte zu diesem Zeitpunkt noch nicht einmal das Metronom ordentlich aufziehen. Nicht zu reden von den vielen Tönen, die eine Fugenkomposition ausmachen. Egal. Also begann ich jeden Tag, Stück für Stück, mir einzuprägen, wo sich diese Noten auf dem Papier vor mir auf der Gitarre wiederfinden. Und dann noch die Fingersätze! Ich spielte wie ein Friseur, aber immerhin bald wie ein Tipptoppspitzenfriseur.

Als wir beginnen zu spielen, ist das Publikum von einer Sekunde auf die andere für mich nicht mehr vorhanden. Nur die Musik und Sabine. Ich spiele um mein Leben. Dieses Leben. Für mich selbst. Jetzt. Um Alles oder Nichts. Und die Gestalten sitzen wieder neben und hinter mir, mit auf der Bühne: Isntmpf Chyieee Sntapfm Phyyyyyxx Kesniepfch Chnsnpfg Hyjs Nieukpc. Du schaffst das.

Lieber Helmut Oehring. Nun habe ich einige Zeit nichts mehr von Ihnen gehört. Weiß aber aus der Akademie, genauer gesagt aus dem Videostudio, dass Sie sehr fleißig sind. Allerdings in einer anderen Sektion, als in der Sie Meisterschüler sind. Ich würde mich freuen, Sie sobald als möglich mit einer aktuellen Arbeit wiederzusehen.

Ohne Georg Katzer und seine klar aber freundlich formulierte Bitte auf einer Postkarte, endlich einmal anzufangen mit der Notenarbeit, würde ich heute noch mumifiziert vor Furcht und dieser Leere in der Birne vor einem weißen leeren Notenblatt sitzen. Als Underdog und Nononononame komponiert es sich leichter, weil kaum jemand sich für dich interessiert. Seit dem Moment, in dem ich mitgeteilt bekam, dass ich als Meisterschüler der Akademie der Künste zu Berlin in die Klasse von Georg Katzer aufgenommen war, hatte ich Schnappatmung vor Stolz und Ladehemmung. Akademie der Sehnsucht sollte es sein. Ist es aber nicht immer.

Zwei Jahre zuvor, bei meiner zweiten, schüchternen Begegnung mit Katzer, gab er mir den Tipp: Schreiben Sie soviel Sie können, vierstimmige Sätze von Bach einfach nur ab. Das war ein toller Rat. Ich saß ganze Vormittage und Nächte. Katzer vermittelte mich zu seinem Meisterschüler Helmut Zapf. Bei ihm lernte ich viel über das Notieren von Ideen. Über das Wie des Schreibens und auch über den Widerspruch dieses Vorgangs zwischen einer Idee bis hin zur Gestalt eines Klanges, bis zur Schriftform dieser Gestalt. Ich schrieb und schrieb. Ab. Und imitierte. Das half, genau wie zuvor in den Landschaften von Zappa Queen Pink Floyd und Neil Young.

Aber Erwartungen an Meisterschüler sind höher. Schon damals wusste ich, dass ich ohne Katzer nicht eine einzige halbwegs annehmbare Musik komponiert hätte. Mit allem Problembewusstsein und aller Verantwortung dem Schreiben von Noten und Entstehen einer Partitur, mir und dem ganzen Drumrum gegenüber. Er hat mich dazu gebracht, über mich hinauszuwachsen. Als ich ihm meine erste als Meisterschüler komponierte Partitur vorlegte, zeigte er nach ruhigem sehr stillem Lesen auf exakt drei Stellen im Notentext. Genau die Stellen, an denen ich während des Schreibens gescheitert war. Hatte keine Idee oder Lösung der entstandenen Probleme gefunden. War noch nicht soweit. Schummelte mich drüber hinweg und sagte mir mit zu wenig schlechtem Gewissen, naja also nu erstma weiter. Mach ich später. Nie nie nie hätte ich vermutet, dass jemand, der meinen Kram zum ersten Mal liest, unter dieser Menge an Noten diese Stellen genau erkennt. Die waren ja nicht eingerahmt oder in Magenta. Jedenfalls habe ich erstmal in genau dem Moment aufgehört zu komponieren, als ich Meisterschüler wurde. Klassische Schreibblockade wegen weil alle gucken. Dachte ich.

Ich drehe also zum Überbrücken ein Musikvideo. *Video aus: Koma.* Ich habe Kameras, Mikrofone und ein komplett eingerichtetes Videostudio der Akademie zur Verfügung. Die aus der Sektion Bildkunst wundern sich. Aber es sind eben chaotische Zeiten. (Für diese Übergangszeit waren es die besten. Bald war dieses Chaos aufgebraucht. Das nannte sich dann Nachnachwendezeit.) Ich bin Drehbuchautor Regisseur Kameramann Cutter. Die Musik hab ich 1988 geschrieben, *Nr. 3 (aus: Koma)*, ein Septett. Minutiös notiere ich jedes Bild und jeden Schnitt in meine Partitur. Und arbeite alles ab. Schritt für Schritt. Ich drehe auf den Dächern Ostberlins. Mitten im Wasserwerfersteinehagel in der Mainzer Straße bei den besetzten Häusern. An alten Grenzübergängen. An Gefängnismauern. In der Pathologie. Selbstmörder im Fernsehen. Animierte bildende Kunst Lawinen Riesenwellen missglückte Stunts. Und ich filme

Taube. Schönhauser Allee Ecke Knaackstraße. Dort war ich oft als Kind mit meinen Eltern. Im Zentrum für Kultur und Kommunikation Gehörloser e.V. Dies ist der erste Moment, in dem meine Musik gemeinsam mit der Gebärdensprache einen neuen Ort findet.

Koma, tiefer Schlaf, bezieht sich auf die Übersetzung aus dem Griechischen. Der Begriff verliert dabei aber nicht die Last seiner jedermann geläufigen Bedeutung. Nahezu alle Säugetiere träumen etwa im Neunzigminutenrhythmus vier bis fünf Mal pro Nacht. Dieser Schlafbewusstseinszustand, der durch schnelle Augenbewegungen gekennzeichnet ist, wird Rapid-Eye-Movement-Schlaf genannt.
Wie das griechische Titelwort andeutet, ist mein Septett *Nr. 3 (aus: Koma)* um eine imaginär aus erschöpftem Schlaf geborene Musik. Es herrscht ein Klima aufgeheizter Intensität, eines Gesprächs zwischen instrumentalen Stimmen, die wie aus alten Schattenräumen einer Kellerklangwelt zu uns dringen.

Oktober 1991, Kölner Philharmonie. Das WDRorchester spielt *COMA*. Meine erste Orchestermusik. Preis beim Forum junger Komponisten des WDR. Boing. Keine Westkohle, aber ne Aufführung. Von einem echten Orchester mit richtigem Chefdirigenten in ner Philharmonie. Köln kannte ich bisher nur über den 1. FC. Die erste wirklich große Premiere im Westen. Nach *Im Dickicht der Städte* am Thalia Theater. Fast jeden Tag Proben im Bühnenbild von Wonder mit Kremer Flubacher Wuttke Bechtolf Liefers und so. Ruth Berghaus inszeniert Brecht: Die Bewegte, die alles und alle bewegt. Die Luft wurde dünn, wenn sie den Raum betrat. Ich Mäuselmut soll Musik komponieren aufnehmen produzieren dirigieren anpassen vorschlagen durchsetzen. Eine bis dahin unglaubliche Erfahrung für mich. Drei Jahre später nochmal Thalia, Berghaus, Brecht: *Die heilige Johanna der Schlachthöfe*. Hat die erste Erfahrung noch übertroffen. Beide Male sechs Wochen Hamburg. Hotel Atlantik. Frühstücksbüfett. Wie auf der Titanic.

Nur einmal habe ich in der gesamten Probenzeit erlebt, wie die Berghaus nach vorne auf die Bühne geht und einer der Schauspielerinnen zeigt, wie sie sich bewegen müsse. Es war erschütternd. Eine Genauigkeit zu sehen, die nicht von dieser Erde war.

Meine Orchestermusik in der Kölner Philharmonie dauert mit allem Pipapo sieben Minuten. *COMA*.

Und ich geh nach vorn. Egal. Scheiß der Hund drauf. Schau hoch. Nach oben. Die Ränge hören nicht auf, sich bis unters Dach zu schieben. Und alles voller Menschen. Wenn meine Eltern und die Lehrer der alten Schule und meine Klasse mich jetzt SEHEN könnten.

Das Leben präsentiert einem alle Rechnungen, die man im Laufe seiner Zeit nicht beglichen hat. Und da saß sie in der ersten Reihe, glühend, mit hochrotem Kopf, rührend vor Begeisterung, aber sie konnte nicht hören, was sich auf der Bühne abspielte, in der Musik. Diese Situation wollte ich nicht zulassen, ich hätte es nicht ertragen können, meine Mutter im Publikum sitzen zu sehen und zu wissen, sie kann es nicht hören. Und als ich es endlich konnte, wollte, war es zu spät.

WRONG

I was born with the wrong sign
In the wrong house
With the wrong ascendancy
I took the wrong road
That led to the wrong tendencies
I was in the wrong place at the wrong time
For the wrong reason and the wrong rhyme
On the wrong day of the wrong week
I used the wrong method with the wrong technique
Wrong

Wrong
Wrong
Too long
Wrong

Martin Gore/Depeche Mode, *Wrong*

EINE DER ersten Fragen ist: Wer bin ich? Wo?

Und wo kommen diese ganzen Splitter her?

Ich weiß nicht mehr, was mir fehlte. Meine Mutter und mein Vater standen am Krankenhausbett. Die Ärzte und Schwestern versuchten mit allen Mitteln, meinen Eltern etwas zu erklären. Ich schaute zu und spürte, dass hier etwas schiefging. Ich war etwa drei Jahre alt. Es gab Momente, da wollt ich tauschen, mit egal wem. Wrong.

Zwischen Dreizehn und Vierundzwanzig hatte ich ständig einen Gesichtsausdruck wie Dustin Hoffman in *Die Reifeprüfung*. Hab bis heute ausreichend Minderwertigkeitskomplexe und war schon metrosexuell, da gab es Beckham noch gar nicht. Als kleiner Junge war ich dünn, lang und hässlich. Eine unproportional große Nase mit Pickeln drauf, die immergleichfettigen Haare lagen nie dort, wo sie hinsollten. Und meine Ohren, die waren wie gemacht für Tests im Windkanal, aber nicht für einen jungen Menschen auf der Suche nach Anschluss. Meine Schüchternheit, meine manchmal übertriebene Zurückhaltung und Freundlichkeit wurden als Schwäche interpretiert. Oder die fanden mich eben einfach komisch. Und immer lächeln. Immer lächeln. Sie haben mir Hundescheiße in die Schulmappe getan. Und gelbgrüne Aule direkt ins Gesicht gerotzt:

Mann, eijh Helmi, hast ja ne Brosche auf der Stirn.

Aber die gute Nachricht für mich war: Zukunft ändert sich. Täglich.

Wir zogen in eine Parterrewohnung in der Senefelder Ecke Danziger. Dunkel und feucht. Später wohnten wir in der Langenbeckstraße Eins am Volkspark Friedrichshain, in der obersten Etage, mit Balkon und Ofenheizung. Kohlen hoch Asche runter. Um meine Sicht auf das Leben und unser Wohnzimmer zu ändern, saß ich oft auf dem Ofen. Vor allem in der Zeit, als ich die Schule monatelang schwänzte und mir von dort oben das Fernsehvormittagsprogramm ansah, während meine Eltern auf Arbeit waren. *SOSCharterboot* und so. Mein Rekord waren 288 (in Worten: zweihundertachtundachtzig) unentschuldigte Fehltage in den Schuljahren 1974 bis 1976.

Der Weg zur Schule: Langenbeck bis zur Straßmann, gute fünfzehn bis zwanzig Minuten. Zweimal am Tag wie Sterben. Ich werde verarscht attackiert bestohlen bespuckt geschlagen. Die Art, wie ich laufe und dabei glotze. Heulsusen sind unbeliebt. Meine Klamotten, farblich und schnitttechnisch ein Gegenentwurf zur hochpreisigen Exquisit-Handelskette. Mein Mund meine Nase mein Geruch ziehen genau diese Typen an, die darauf aus sind, Opfer zu finden. Einfach so und um die Zeit rumzubringen. Bis hierhin hab ich nie körperliche Auseinandersetzungen erfahren. Hab mir nicht träumen lassen, dass es so etwas gibt, dass mir fremde Jungs aus meiner Gegend was antun. Jetzt hab ich immer Angst und renne, so schnell ich kann.

Auf dem Rückweg von der Schule frage ich manchmal Holger Timm Matthias Andre Michael Bernd: Eij, hab ich schon erzählt, dass ich zu Hause nen schwarzen Panther hab. Echt. Zur Pflege. Die haben das nicht mehr geschafft im Tierpark. Habn meine Eltern gefragt, ob ich das übernehmen kann. Drei Monate alt. Musste nur mitkommen. Kannste ihn sehen. Kriegt Hackepeter und Milch. Panthi.

Heißt er. Aber so sehr ich mich auch anstrenge, mich von den Klassenkumpels nach Schulschluss nach Hause begleiten und dort gemeinsam die langweilige Nachmittagszeit vergehen zu lassen, nie kommt jemand mit. Keiner wollte mein Freund sein. Ein Glück. Denn ich hab mir keinen Plan B überlegt, was ich sagen werde, wenn der Panther nicht da ist. Wahrscheinlich vormittags abgeholt. Kannste glooben.

2009 veröffentlichen Depeche Mode den Song *Wrong*. Nach *Personal Jesus* einer der stärksten Songs der Rockgeschichte. Was da stampft an Rhythmen und Harmonieverwehungen. Keyboardstimmen aus dem Untergrund irgendwelcher Seitenräume ehemals junger englischer Vorstadtkids.

> Wolltest Du mir nicht etwas sagen?
> Wolltest Du mir nicht etwas erzählen?
> Ich weiß gar nicht mehr, was ich Dir erzählen wollte.
> Ich kann es Ihnen leider nicht sagen.

Gebärdeter Text aus: *Wrong. SCHAUKELN-ESSEN-SAFT*
(aus: Irrenoffensive)

1991 hab ich zum zweiten Mal Musik auf einen Text komponiert. Klar war von Anfang an, dass diesen Text ein gehörloser Mensch gebärden sollte. Neues Land suchen, finden und bebauen. Endlich die Welt der Stille, meine Welt, mit der Welt der Klänge, auch meine Welt, miteinander bekannt machen. Bisher trafen wir uns immer getrennt. Kontrolle. Darauf hatte ich genau geachtet. Man weiß ja nie, wie sich enge, unabhängig voneinander geschlossene Freundschaften bei einem ersten Zusammentreffen miteinander verstehen. Es ging um nichts weniger, als zum ersten Mal in der Geschichte der Musik und in der Geschichte der Gebärdensprachkultur ein gemeinsames Projekt auf die Bühne zu stellen. Dirigent. Musikerensemble. Technik. Gehörlose. Partitur. Behutsam eine Berührung dieser beiden Lichtundklangjahre entfernten Universen zu arrangieren.

Aber ich bin ja nicht blöd. Kein Gedanke daran, die Isolation dieser beiden Welten mit Kulturarbeit auflösen zu können. Ist das Kunst? Oder kann das schon weg? Aber vielleicht gibt es eine Möglichkeit, die Gebärdensprachgrammatik, die durch komplexe Bewegungen im Raum existiert, mit komponierter Musik zu verschalten. Einen verzauberten Ort, an dem die mir beiden wichtigsten Sprachwelten zusammenfinden könnten. Pionierarbeit. Auch in Sachen Liveelektronik und Echtzeitsteuerung von Effekten. Noch Anfang der Neunziger war es gängige Praxis, die Musiker nicht in die Steuerung einzubeziehen. Ich selbst wäre auch nie auf die Idee gekommen, Solisten und Musiker in diesem Ausmaß mit Liveelektronik zusammenzubringen. Als Ostler war man ja nicht unbedingt beschenkt mit neuester Technik. Die Initialzündung brachte Torsten Ottersberg. Dispatcher. Seitdem einer der wichtigsten Mitstreiter, was Dramatik und Technologie betrifft. Entscheidend war neben der zusätzlichen klanglichen Ebene auch die Interaktion zwischen Komposition, Musiker, Technik und Klang. Dem Instrumentalklang wurden Effekte und Zuspielungen von der Tonregie zugefügt. Das wirkte aber fast immer ferngesteuert, marionettenhaft und irgendwie entmündigend. Ganz zu schweigen von der klanglichen Umsetzung. Der Musiker spielte auf einer Bühne, seine Klänge und Verfremdungen kamen aber von irgendwo anders her.

Auf die Frage nach der Umsetzbarkeit von Bewegung und vor allem der Handbewegungen der Gebärdensprache in Raumkoordinaten gab die Firma Doepfer uns eine Antwort. Die amerikanische Performancekünstlerin Laurie Anderson benutzte schon in den Achtzigern unter anderen Midicontrollern einen Datenhandschuh auf Lichtwellenbasis. Das Ding kostete tausende Dollars, doch Nintendo brachte 1989 einen Hundertdollardatenhandschuh für eine neue Spielkonsolengeneration auf den Markt. Doepfer baute für diesen *Power Glove* den sogenannten MOGLI (Midi Output Glove Interface). Und nun war es möglich, Bewegungen der Hand im dreidimensionalen Raum permanent zu erfassen und für Manipulationen und Echtzeitsteuerungen von Musikelektronik, dem Triggern von Noten und Ereignissen, zu nutzen. Zwei Ultraschallsender auf dem Handschuh leiten die Signale an drei externe Ultraschallsensoren auf einem kleinen Plastikgerüst weiter. Für den Nintendobetrieb wurde dieses Gestell einfach an den Fernseher oder Computerbildschirm gehängt. Wir klebten es mit Gaffatape an einen Mikrofongalgen. Mit dem Handbuch auf den Knien vergingen Stunden, bis die ersten gewollten Manipulationen hörbar wurden.

Es war ein unbeschreibliches Notenbewegungsgefühlsundprobenchaos. Es war die beste Zeit. Und als dieses Etwas sich irgendwann aufgebraucht hatte, begannen wir richtig zu arbeiten.

Wovon erzählst Du? Darf ich zuhören?
Ich kann leider sehr schlecht erzählen.
Bitte sagen Sie mir Ihren Namen noch einmal,
ich habe ihn bei der Vorstellung nicht deutlich verstanden.
Es handelt sich um eine schwere Krankheit,
der Herr Doktor möchte sofort kommen.

Gebärdeter Text aus: *Wrong. SCHAUKELN-ESSEN-SAFT*
(aus: lrrenoffensive)

In WRONG *(aus: Schaukeln-Essen-Saft)* sollte ursprünglich die gehörlose Gebärdensolistin Christina Schönfeld den Handschuh tragen und durch ihre Gebärdensprache die Daten erzeugen, die in festgelegten Abschnitten das gesamte Ensemble verstimmen. Es sollte eine Tonhöhendrift über eine Oktave nach oben und unten geben. Gleich in der ersten Probe mussten wir uns von dieser Idee verabschieden. Nicht nur weil der Handschuh an Christinas Arm aussah wie das Transplantat eines Klonkriegers aus *Star Wars*. Der erfassbare Bereich der drei Sensoren war viel zu klein, um der Expression ihrer Hand gerecht zu werden, und alle Korrekturen hinsichtlich technischer Parameter machten aus ihrer Gebärdensprache ein Kauderwelsch. Die optimalen Arbeitspunkte der Datenerfassung und der Effektparameter waren nicht in Einklang zu bringen mit der gebärdensprachlichen Performance. Also musste sich der Dirigent Roland Kluttig den Handschuh überziehen. Es begann von vorn. Aber auch die Daten seines Dirigats waren nicht geeignet, die Tonhöhenverschiebung hervorzubringen. Am Ende dirigierte Roland Kluttig (toll, wie selbstverständlich er als Dirigent mit gehörlosen Solisten umging) mit einer Hand das Ensemble, und mit der anderen erzeugte er die von uns gewünschten Daten. So wurde *WRONG* einige Male aufgeführt. Auch ohne unsere Hilfe und mit anderen gehörlosen Solistinnen.

Die optimalen Ergebnisse erzielte diese Technik leider nur mit nach vorn ausgestreckter rechter Hand (mit Datenhandschuh) und langsamer Aufundabbewegung. Wegen dieser Geste, die stark an den Hitlergruß oder an einen Sektenpriester erinnerte, erzeugten wir die Pitchbenddaten dann im Studio und spielten sie für die kommenden Aufführungen auf einen Datenfileplayer.

Er geht fort. Er geht an den Teich, um zu rudern.
Ob er singt? Ob er sang?
Ob er Musikstunden nimmt? Was nahm er fort?
Was warf er fort?
Er nahm den Stein.

Gebärdeter Text aus: *Wrong. SCHAUKELN-ESSEN-SAFT*
(aus: Irrenoffensive)

Es dauerte lange, bis ich einen gehörlosen Menschen fand, der bereit war, mit hörenden Musikanten und Dirigent und Technik zu arbeiten und das Ganze dann auch noch im Konzerthaus am Gendarmenmarkt aufzuführen. So begann die gemeinsame Arbeit mit der wunderbaren genialen gehörlosen Solistin Christina. Sie hatte anfangs extreme Fragen betreffs dieser Kollaboration mit Hörenden. Wie ich auch. Vor allem Fragen zum Gesang und Sprechen vor Hörenden. Gebärden waren ok. Aber Stimme benutzen und sich vor den Hörenden nackig machen war vorerst noch ein krasser Tabubruch. Wrong. Pionierarbeit auf allen Seiten. Ungesehen. Unerhört. Hosen runter.

Wo ist die Ohrenklinik? Wo ist das Krankenhaus?
Wo ist die Augenklinik?
Ich habe ein Luftkissen für die Reise gekauft.

Wrong. SCHAUKELN-ESSEN-SAFT (aus: Irrenoffensive)

In der Schule und auch auf der Straße war ich fast ausschließlich umgeben von Minimachiavellisten. Sogar die Mädchen hatten sowas drauf. Kinder sind vielleicht nicht bösartig, aber einige von ihnen sind äußerst machtgierig. Wir hatten in unserer Klasse außerordentlich ausgeprägte Bistrategen, die beides konnten: sozialpositiv und ein manipulativer Aggressor sein. Lustgewinn durch ergebnisorientierte Sabotage. Diese Kinder erreichten fast alles und hatten die Aufmerksamkeit und Anerkennung der Gruppe und der Lehrerschaft.

Die dynamischen Verhältnisse in einer neu zusammenkommenden Gruppe bestimmen innerhalb der ersten fünf sechs Wochen darüber, wer Opfer wird und wer Täter. In der Klasse 1c der 26. Oberschule in Berlin Friedrichshain fiel die Opferwahl auf Anne Ludwig, die Langsame, Alf Werner, den Kurzen, und auf mich. Wir drei waren auch beim Tausendunddreitausendmeterlauf immer die Letzten. Wenn die anderen ausreichend gelacht hatten, gingen sie duschen. Wir drei waren noch unterwegs und drehten jeder für sich seine einsamen Runden. Anne wurde irgendwann in Ruhe gelassen. Alf traf bald erfolgreiche strategischzielorientierte Maßnahmen der Gruppenintegration. Ich blieb übrig. Ich war die zehn Prozent Opfer, die es in jeder Gruppe gibt.

Bald sah ich ähnlich wundzerrissen aus wie Berlin von oben. Das Falsche Hier im Richtigen Dort. Wrong.

Eltern und Lehrer erziehen Kinder nicht bewusst zu Opfern oder Tätern. Aber wenn ein Lehrer mir aus fünf Metern Entfernung einen schweren Schlüsselbund an den Kopf wirft und mich zwingt, ihn unter dem Gelächter der Mitschüler aufzuheben und zu ihm nach vorn zu bringen, ist doch klar, welches Menschenbild er geprägt sehen möchte. Im Grunde handelt es sich um ganz gewöhnliche Gewalt, nichts Außergewöhnliches, sehr langweilig und uninteressant. Ein hilf-und geistloses Spiel mit oder um Macht. Eine Hand wäscht die andere und die Lehrer machen mit.

Mit glühenden Zigaretten brannten sie mir den Namen irgendeines dämlichen Mädchens in meine Oberarmhaut. Attackierten mich mit Messern und Spraydosen. Erpressten mich, indem sie drohten, meine behinderte doofe stummtaube Mutter zu töten. Ich musste Massenanspuckungen über mich ergehen lassen. Anpinkeln. Spasti stand auf meiner Stirn. Draußen nackt auf einem Stuhl stehen und laut Kikeriki schreien. Führten Gegenstände in meinen Körper ein. Ich hatte keinen Selbstwert, kein Gefühl mehr, ich schämte mich, fühlte mich schlecht. Habe mit niemandem gesprochen. Mit wem auch? Ich kannte keine Gebärden dafür. Hätte es damals schon Handys mit Kameras gegeben: die täglichen Klicks auf das HappyHelmutSlapping wären sicher nennenswert. Was sich heutzutage an Schulen und Berufsschulen abspielt, ist aber sicher einige Fiesigkeitsstufen über dem, was ich erlebt habe: Nur Stunden später haben Hinz und Kunz Zugang zu den Erniedrigungen in bester HDqualität. Draufhauen und Filmen.

Mit einem Pflasterstein hätte ich sie töten sollen und dann verspeisen.

So seltsam das klingt: Damals wie heute, wenn ich daran denke, hatte und habe ich nach diesen Attacken auch ein Gefühl der Erleichterung, ein entferntes Wohlgefühl. Die Angst und der Schmerz brachten mein unerträgliches Dazwischensein zumindest auf einen ganz einfachen erdigen Punkt. Die Verlassenheit und dieses ständige Gefühl, nicht dahin, aber auch nicht hierhin zu gehören, waren in den Momenten größter Not, größter Angst, größten Schmerzes einfach wie weg. Es war wie bei einem Pickel, einem Abszess: Ausdrücken, Aufschneiden verschafft Erleichterung. Lange bevor ich die tägliche lustige Folter meiner Mitschüler erlebte, hatte ich mir aus ebenjenem Grund selbst Schmerzen zugefügt. Ich stach mir mit Nadeln ins Zahnfleisch, bis der Mund blutig war. Ich schnitt mir mit Rasierklingen kleine Hautfetzen ab. Langsam. Genussvoll fast. Wie ein Forscher. Vor allem zielgerichtet: Der Schmerz hier und jetzt ist besser als alles andere. So bereitete ich mich vor auf Ähnliches.

Mit einem dicken Ast hätte ich jedem zweimal schnell hintereinander auf den Kopf schlagen sollen. Knack. Erst senkrecht von oben nach unten und dann waagerecht von rechts nach links zwischen Gesicht und Hals unterhalb der Ohren. Ich kann mir nicht vorstellen, dass keiner der Lehrer was gemerkt hat. Aber sie waren allesamt am besten im Wegschauen. Ich bereue heute nichts von dem, was ich mir damals vorstellte. Ich bin nur froh, dass es nicht so leicht war, an ein oder zwei Kampfmesser und eine Handfeuerwaffe oder zumindest eine Schreckschusspistole zu kommen.

Was empfanden Sie, als Sie den Lehrer und Ihre Mitschüler töteten? Nichts. Es war ein Ausdruck von Rache. Es gab Zeiten, da konnte ich nicht mehr abwarten und wollte mich nur noch für diese jahrelangen Demütigungen rächen. Ich frage mich nur, warum ich es nicht voll bis zum Ende durchgezogen habe. Der Oberstaatsanwalt würde mir Mord aus Heimtücke und niederen Beweggründen vorwerfen. Motiv: schlechte Noten und Minderwertigkeitsgefühle.

Patienten mit einer Borderlinestörung nutzen ungewöhnliche Methoden, um ihre negativen Gefühle in den Griff zu bekommen: Sie ritzen sich die Arme auf, trinken schädliche Substanzen oder verletzen sich mit der Glut einer brennenden Zigarette. Sobald ich geritzt hatte und sah, wie das Blut floss, ging es mir sofort besser. So oder so ähnlich äußern sich viele Borderlinepatienten über ihr bizarres Verhalten. Selbstverletzung verschafft Erleichterung und lindert ihren negativen Gefühlszustand.

Ein Glück, dass da draußen diese kleinen roten Äpfel existieren, dieses gedrängte platzende Rot im dichten prallen GelbBraunGrün. Dieses auftrumpfende Jubeln, das üppige Verschwenden, das Überquellen. Gegen die nahende Kälte

Anleben. RotGelbViolettes der Kälteahnung. Entgegen-
schmeißen. Warten.
Bei diesen kleinen roten Äpfeln muss ich immer an dich
denken. Sagte die zigjährige Fee. Immer dieser tiefe Ton,
der unter deinen Landschaften liegt, wie ein unterirdischer
Fluss, mitten durch den Kern dieser kleinen roten Äpfel geht
er. Nie hab ich von denen gegessen.

Depeche Mode sind in der Umusik ein mehr als seltsames
Phänomen. Eigentlich kein Mainstream. Reißen über die
Jahre hinweg immer wieder alles ein. Seit den Anfängen im
Hansa Studio am Berliner Grenzstreifen, in dem David Bowie und Iggy Pop in ihrer Berliner Zeit produzierten, bis zur
aktuellen Tour. Manche ihrer Melodielinien oder Bassläufe
erinnern mich an Webern oder Boulez.

Eines Tages fand ich auf dem Schulweg eine Freundin. Endlich jemand, der mich verstand, mit dem ich reden konnte.
Ich hab ihr ALLES erzählt. Endlich konnte ich reden. Ich
war nicht mehr ALLEIN. Jeden Tag nach der Schule ging
ich zu ihr. Ich schob den schweren runden Stahldeckel beiseite, kroch hinein, zwei Meter tief. Schob den Deckel wieder
vor das Loch. Kauerte mich nieder und flüsterte ihr ALLES.
Wahrscheinlich war sie taub und stumm. Sie war ein Gulli.

~~Nachtrag~~
~~In dieser seltsamen Welt~~
~~in der Hälfte dieser Welt~~
~~in der es jetzt dunkel ist~~
~~muss ich das jagen~~
~~was von Träumen lebt.~~
~~Wenn er doch nur einen Menschen finden würde.~~

Gebärdeter Text aus: *ER.~~eine She (aus: 5ÜNF/Haare-Opfer)~~*

Hier in dieser Dazwischenwelt weiß jeder, dass ich ein Wolf im Hasen bin. Und ich kann alles Andere, ein Andrer, das Andere sein.

Ich kaufte in Zooläden Tiere, um diese dann, nach der Schule, langsam zu töten. Hatte dabei überaus konkret Andi, Tom, Daniel, den Lehrer, genannt Zottel, und einige andere vor Augen.

~~Er weinte aber Er konnte nichts sagen~~
~~Wie ein altes Waschweib~~
~~Er wollte gar nicht frei sein~~
~~Er hat es gern wenn sie ihn schlagen~~
~~Unfrei und abhängig~~
~~Du Schwein Du verdienst es nicht besser~~
~~Schluss~~

Gebärdeter Text aus: *ER.~~eine She (aus: 5ÜNF/Haare-Opfer)~~*

Klingelzeichen, Pausenende. Chemie steht an. Na Helmi, wie geht's? Matthi baut sich vor mir auf. Die halbe Klasse schaut wie bestellt zu. Wat haste jesagt? Ick bin doof? Sach det nomal. Doing, voll aufs Ohr. Helmi hat Scheißkopfschmerzen, die Augen laufen voll. Salz, Blut, ein blauer Geruch und Fahrradlenkermetallgeschmack im Mund. Noch son Ding, Augenring. Matthi war Komiker und damals ein liebes Arschloch. Mit der Poesie eines Harlekin und der Durchsetzungskraft eines Siegers. Manchmal konnten alle auch echt ganz nett und kumpelhaft sein. Vor allem dann, wenn kein anderer der Freunde in der Nähe war. Genau dieser Matthi wurde im späteren Leben nach der Schule ein fantastischer Bewegungskünstler. Ein KörperPoet. Er war Anfang der Neunzigerjahre Darsteller in *Video (aus: Koma)* und übernahm den Part des Pantomimen und Sprechers in *Das D'Amato System.*

Später, bei den Klassentreffen, konnten wir alle witzig fröhlich ernst zärtlich miteinander sein. Und kein Wort darüber verlieren, was sich damals so abgespielt hatte.

Sie werden dich nicht töten. Aber dir die Schuld geben. Nicht dass die Anderen mich gehasst hätten, aber ich war ihnen sicher irgendwie unausgesprochen unheimlich.

Schulschluss, Straßmann Ecke Kochanstraße. Hey Helmi, warte do ma, wir wolln dir was erzähn, bleib do ma stehn. Ich ahne, was kommen wird. Andis feste Knie gegen meinen Oberschenkel. Dongdongdongdongdongdong wie ein Bohrlochmeißel. Die anderen beiden halten mich an den Armen fest und drehen ihre Hände entgegengesetzt auf meinen Oberarmen. Dicker Oberschenkel, tiefblaurote Flecken und Oberarme gefärbt wie Kirschsuppe. Sehr effizientes Arbeiten. Kann keinen Schritt laufen, wie gelähmt. Biste irgenwo gegenjeloofen oda wat? Mensch mach die Ooogen uff du Hürni!

Wie soll ich das alles meinen Eltern gebärden?

SELF-LIBERATOR

Das wollen wir regelrecht hervorrufen. Dass also die Sprachlosigkeit zwischen den Menschen überwunden wird, dass ihre Isolation und ihre, sagen wir mal, Abtrennung des einen Menschen vom anderen überwunden wird. Denn die Klüfte, die gegenwärtig zwischen den Individuen bestehen, waren in der Geschichte noch nie so groß. Es ist dem Menschen noch nie so schwergefallen, die Isolation zu durchbrechen.

Joseph Beuys

Die Geschichte von den Luftballons bei der Weltpremiere meines *Self-Liberator*, mit den tauben Solistinnen in der Berliner Philharmonie stimmt schon mal nicht. Also dass da hunderte Taube, politisch korrekt formuliert: Gehörlose oder Menschen mit Hörbehinderung, mit Luftballons saßen und durch die Ballons in ihren Händen der Musik lauschten. Davon wird heute noch im Feuilleton und der Wissenschaft erzählt, aber das ist Blödsinn. Wie soll das denn gehen? Musik, komplex notierte, so genannte Neue Musik, durch Luftballons? Kicherkicher.

Glauben Sie mir: Als hörender, vor allem aber als gehörloser Mensch spürt man nix weiter als ein Grummeln und vielleicht ein kleines KrrrrZwirr. Das könnte aber auch von feuchten Fingern und Atembewegungen herrühren.

Aber alles andere ist wahr.

17. März 1995, MusikBiennale der Berliner Festspiele. Berliner Philharmonie. Meine erste große Premiere mit dem legendären Ensemble Modern aus Frankfurt am Main. Es sind wirklich zum ersten Mal in der Geschichte der Berliner Philharmonie und wahrscheinlich aller Konzertsäle weltweit hunderte Taube im Publikum eines sozusagen normalen Konzertes. Und zwei gehörlose Damen stehen mitten auf dem Podium. Fangen an zu sprechen und auch zu singen. Zu gebärden. Alles zusammen.

Self-Liberator (aus: Irrenoffensive). Der Titel geht auf eine Zeichnung und ein großformatiges Bild des Malers und

Grafikers Hagen Klennert zurück. Wir lernten uns durch Torsten Ottersberg kennen. Bis heute arbeiten wir gemeinsam intensiv am Zusammenspiel von Bild und Klang. An Formen. Bühnenbildern, Filmen, Text und Grafiken mit und in Musik.

Die Sprache der Stummen steht im Zentrum von *Self-Liberator*. Irrenoffensive.

Die Solistinnen sind zwei taub geborene Frauen. Die keine Vorstellung davon haben, was Musik ist. Und sich auch gar nicht dafür interessieren. Nicht die Bohne.

> Ich hab schon lange die Schnauze voll
> und bald ist Schluss.
>
> *SELF-LIBERATOR (aus: Irrenoffensive)*

Für mich ist die Gebärdensprache sehr viel stärker und poetischer als jede andere Sprache der Erde. Vor allem dann, wenn sie ihrer Geschwistersprache der anderen Seite in dieser Welt begegnet: Musik. Gebärden und Musik katalysieren einander. Finden gemeinsam neue fremde, bisher unsichtbare Räume. Unbekannte Poesie und innere Haltung. Die wirkliche, vielleicht die einzige Sprache ist stumm. Genau das ist hier in diesen Philharmonischen Räumen für alle Anwesenden das Unerwartbare. Die eigentliche Revolution. Nicht: dass Taube hörend gemacht werden. Das geht ja nicht. Sondern: dass diese Hallen der Hörenden in Besitz genommen werden von Bürgern bislang zweiter Klasse. Von Tauben. Menschen ohne Gehör. Die jetzt und hier die Solisten und, neben der erklingenden Musik, Gravitationszentren des Abends sind. Hören können spielt eine wirklich schöne aber zweite Rolle. Es geht auch um die Gehörlosengemeinschaft, um den Wandel der Zeit. Was sich geändert hat. Taubstumm. Das Wort kommt vom Wortstamm thumb und bedeutete ursprünglich scheu, schüchtern, zurückhaltend. Im Laufe der Jahrhunderte haben sich Worte wie taub und dumm oder tumb, doof daraus entwickelt. Taubstumme sind zwar gehörlos, aber sie haben eine Sprache und können sich verständlich machen. Kommunikation innerhalb der Gehörlosengemeinschaft ist möglich. Auf höchstem Niveau. Es ist Schwerstarbeit für einen Tauben, mit jemandem zu sprechen, der hören kann. Vielleicht versucht er dauernd zu hören, was gesagt wird. Eine entspannte Unterhaltung ist nahezu ausgeschlossen. Ständig: Habe ich das richtig verstanden? Entschuldigung, was haben Sie gerade gesagt? Alles reinste Schinderei und Pein. Stress. Oh Scheiße, wär ich endlich allein, um wieder zu Atem zu kommen. Dies in etwa ist die permanente Kommunikationssituation von Gehörlosen in einer hörenden Welt. Ich drehe also mal einiges auf den Kopf. Die vielleicht einzige Sprache ist stumm. Irrenoffensive. Self-Liberator.

Bis zur achten Klasse versuchte ich mit allen möglichen Tricks auszuweichen. Erst dann wehrte ich mich gegenüber einem Mitschüler. Ernsthaft und körperlich. Michael Fabricius, mein erster echter Kampf. Und ich gewann ihn. Zu dieser Zeit arbeitete ich nach der Schule in einem Zooladen. Mürke-ZOO in der Danziger Straße. Ich versorgte die Tiere, reinigte die Aquarien und durfte an der Ladentheke Wasserflöhe, Wellensittiche, Hamster, Unmengen Vogelsand eintüten und verkaufen. Herr Mürke war der Besitzer dieses Ladens und führte ihn gemeinsam mit seiner Frau. Die beiden hatten bei einem schweren Autounfall ihren einzigen Sohn verloren. Ich war den beiden aufgefallen, weil ich jeden Tag zwischen Drei und Fünf am oder im Laden rumlungerte. Tiere interessierten mich immer noch mehr als Menschen. Außer den dicken Frank Jahn, aus der Langen-

beck Nummer Zwei, der allein bei seinen Großeltern auf-
wuchs (wir beide waren Dick und Doof aus dem Kiez), hatte
ich keine Freunde. Die Mürkes sprachen mich irgendwann
an und fragten mich, ob ich Interesse hätte, ein paar Stunden nach der Schule im Laden bei den Tieren zu helfen. Ich
lernte pünktlich zu sein. Und vor allem lernte ich nach und
nach, Gespräche mit der Kundschaft zu führen. Gespräche
zu leiten. Wie ein Berater oder Verkäufer. Der Unterschied
zwischen Weibchen und Männchen beim Wellensittichkauf.
Süßwasserbesatzfragen und Gesellschaftsbecken oder Allein-
haltung bei Kampffischmännchen. Tubifex der Schlammröh-
renwurm. Wasserflöhe, schwarzweißrote Mückenlarven lebend, trocken oder tiefgefrostet. Da war ich Spezialist. Ich
verdiente sogar erstes Geld und übernahm Verantwortung.
Mürke war ein cooler Typ und er hatte generell was für
Randfiguren übrig. Er, seine Frau und der Schäferhund sitzen bei uns in der Langenbeckstraße eins auf dem Sofa. Ich
dolmetsche. Der Hund liegt unter dem Tisch und pupst. Es
riecht nicht gut. Mürke sagt, dass er mich gern einstellen
möchte. Ausbildungsplatz möglich machen. Klappt aber
nicht, Privatunternehmer in der DDR eben. Immer einen
Spruch parat. Er trug diese blaugrauen Nylonkittel. Der
Schäferhund hieß Rex. Der zahme Affe hörte ab und an
auf Suse. Herr Mürke brachte mir einiges bei. Auch wie ich
mich effektiv und überraschend wehren konnte.
Wenn ich früher bloß schon gewusst hätte, wie man kämpft.
Ich hatte einfach nur zu viel Angst. Viel zu viel. Vor Allem
und Jeden. In unserem Haus gab es ein Hausmeisterehepaar,
die wohnten genau unter uns im Vierten. Frau Makaus sah
aus wie Witwe Bolte. Sie hatte einen Lappen um den Kopf
gewickelt und einen in den Händen. Und immer einen Besen dabei. Sie drohte mir (aber nur, wenn wir uns allein im
Treppenhaus begegneten), dass sie mich in eine Maus ver-

wandeln und zu den Kellerratten sperren würde. Damals war der Keller für mich noch das Gruseligste, das ich mir vorstellen wollte. Später verbrachte ich viel Zeit da unten in den Ecken und Verstecken, hinter den alten Luftschutztüren mit dem Sauerstoffloch. Mit einem Luftgewehr in der Hand. Self-Liberator.

Wie über Scherben zu laufen
DU
Kraft der Wolkensteine wachsend
aus Federtropfen
Staub junger Töne
Zeit aller Bewegung

Beider Augen Lider
zitternd
tanzen vom Singen

Mein Fremdherz träumt vom Erwachen

Du aber verwechselst mich mit einem Lamm
QUIXOTE oder Die Porzellanlanze

1976 Friedrichshain, 26. Oberschule. Michael bekommt einen einzigen blitzschnellen harten Handkantenschlag gegen den Kehlkopf. Ein Augenaufreißen geht stumm durch die Runde der Mädchen und Jungen meiner Klasse. Er muss für alle ein merkwürdiges Bild abgeben: der komische Typ. Der sonst immer Opfer ist und dies auch hinnimmt. Der schuld ist, wenn eine unangekündigte Mathearbeit geschrieben werden soll, ein Zehntausendmeterlauf ansteht, oder wenn es zu regnen anfängt. Der hält plötzlich nicht mehr still und versucht unsichtbar zu werden wie all die Jahre vorher. Duckt sich nicht mehr weg. Bewegt sich plötzlich. Nach vorn. Self-Liberator.

Micha fällt geschockt zu Boden. Er macht ein Gesicht wie jemand, der in einen Haufen Hundekacke getreten ist. Hält sich mit beiden Händen seinen Hals, als hätte ich mit meinem ersten Schlag nach gefühlten Jahrhunderten etwas durchtrennt.

Ich habe zwar den Dienst mit der Waffe verweigert. Aber diese deutschen Pazifisten gehen mir auf den Sack.

Ja. Unter bestimmten Bedingungen muss man eingreifen.

Irgendeine Lehrerin beendet das Kurzdrama im Schulflur. Wir sind doch hier nicht im Wilden Westen. Sagt sie auf Sächsisch. Ich Young Shatterhand aber schon. Voll auf Adrenalin. Aber das andere Adrenalin. Nicht das, was sich ausbreitet, wenn man eins auf die Fresse bekommt. Das Andere. Ich fühl mich stolz und richtig. Auf der Spitze meiner Kraft. Kann alles spüren. Und bin fremd.

Das Gegenteil von Emotionslähmung.

Weil Mürke mir vertraute, dass ich das mit dem Laden und der Schule und meinen Eltern auf die Reihe bekommen würde, fing auch ich an ihm zu vertrauen. Er sprach mit mir wie niemals jemand vor ihm. Er machte ernste Komplimente und die charmantesten Witze über mich. Half mir, lachen zu lernen und zugleich mein Selbstvertrauen zu stärken. Er war einfach nur gut für mich. Dispatcher. Profi.

Ich bin einer der weltbesten Langsamstartspätzünder.

In den Jahren 1967 bis 1969, von der ersten bis zur dritten Klasse, war ich beim Schwimmtraining des TSC Friedrichshain. Vor und nach der Schule im Wasser. Zum Geburtstag hatte mir jemand zwei Comic-Hefte über Poseidon geschenkt. Mochte das Wasser, diesen Ort. Noch. Vor allem den Klang unterhalb der Oberfläche, dort konnte ich mich

tranceträumen. Ich war einer der Schnellsten. Hatte bald
einen kleinen blauen Koffer voll mit Medaillen und Urkun-
den. Einige hingen an der Wand im Schlafzimmer. Erster
Platz 50 und 100 Meter Rückenschwimmen. Bezirksmeister.
Kinderundjugendmeister.
Vor meinem ersten Wettkampf hab ich ne Riesenangst. Ich
geh mal kurz auf Toilette. Sag ich zu meiner Trainerin Frau
Rosendhal. Denk aber: Ich sollte meine Klamotten nehmen
und abhauen und nie wiederkommen. Ich will keinen Wettkampf. Finde das Training völlig ausreichend. Alles andere
und dieses Drumrum ist mir zu nervenaufreibend. Ich ver-
steck mich im Umkleideraum. Hör, wie mein Name durch
die Lautsprecheranlage ausgerufen wird. Bin wie in Feuer-
watte gehüllt. Alles bewegt sich wie im Morast.
Und klingt durch Wasser. Zeitlupe.
Scheiße. Weiß ich.

Später verstand ich, diese Heidenangst in Kraft, Intuition
und Beweglichkeit umzusetzen. Aber immer nur mit Hilfe
von bestimmten Menschen, die an mich und meine Fähigkeiten glaubten. Ich gewann den ersten Schwimmwett-
kampf, nur weil Frau Rosendhal an mich glaubte und mir
sehr strengklar sagte, was zu tun war. Ich gewann den ersten Faustkampf mit einem einzigen Schlag, nur weil Mürke
mir die Bewegungsabläufe gezeigt hatte und den Mut, an
mich selbst zu glauben. Durch Begegnungen mit wenigen
bestimmten Menschen überstand ich die zehn Jahre Poly-
technische Oberschule und die zwei Lehrjahre beim VEB
Autobahnbaukombinat Dresden. Diese Menschen, die mir
Vertrauen und Verantwortung schenkten.
Oder mich vielleicht einfach nur beschützen wollten.
Das ist bis heute so geblieben.

SUCK THE BRAIN OUT OF MY HEAD

Almost blue
Almost doing things we used to do
There's a girl here and she's almost you
Almost
All the things that your eyes once promised
I see in hers too
Now your eyes are red from crying
Almost me
Almost you
Almost blue

Chet Baker, *Almost Blue*

KRANK WURDE ich von dem Scheiß. Anfangs spritzte ich es mir nicht in die Venen, sondern schnupfte es wie Koks. Ich schnupfte eigentlich alles, was mir in die Finger kam. Hab ja ne große Nase. Bis es immer schlechter ging. Auch direkt nach dem Naseziehen. Sie hörte nicht auf zu laufen und fing an zu bluten und ich wurde außen rot. Ich bekam Schüttelfrost wie bei ner Grippe. Äeh, schmeiß dein Kohle nich füs Schnufen raus. Sagte mein neuer Freund der Verticker. Spriz di da Zeu, dan gehs di besse. Äitsch. H.

Das war der Beginn der Vierundzwanzigstundengeisterbahnfahrten. Am Ende dieser Zeit hatte ich immer Besteck dabei. Und was zum Armeabbinden. Irgendwann brach langsam hier und da der Boden weg und wenig später alles zusammen.

Ich schaute intuitiv in einige Wohnungsannoncen. Nach einer Bleibe im Prenzlberg. Musste Druck aufbauen. Also nahm ich die für mich teuerste. Unbezahlbar. Einzimmerdachgeschosswohnung. Die teuerste, die es damals so gab. Im Monat ne Menge Kohle an die junge zugezogene Dame aus Hannover abdrücken. Um nicht gleich wieder rauszufliegen. Musste mich nur entschließen. Dann würde ich alles schaffen. Kalter Truthan. Ich hörte eine Woche nicht auf zu kotzen und zu scheißen. Die schöne neue Westauslegware und das gefliese Klo wurden in kürzester Zeit zu Preisstufe Mumpitz. Irgendwann war ich durch. Fing an, Haferschleim zu essen, warmes Wasser zu trinken. Später Gemüse zu dünsten. Und begann zu laufen. Nach dem Laufen kam das Schwimmen und wieder zurück. Ein Rennrad fiel mir sozusagen vor die Füße und ich begann mit Triathlon. Erst langsam und kurze Strecken. Dann immer exzessiver. Wenig später meldete ich mich in einem kleinen Hohenschönhausener Boxsportclub an.

Das wars. Ich wollte jetzt nur noch Musik machen.

Für mich sind alle großen Musiker wie die großen Boxer. Sie reagieren instinktiv.

Ihr Bewusstsein über Theorie und Praxis ist ein völlig anderes.

Es ist völlig wurscht, ob man eine verminderte Quinte oder eine zerplatzte Neunundzwanzig oder eine chromatische Volltotale schreibt. Oder spielt. Ich bin kein Freund von Theorien. Ich komme vom Bau.

ztztztztzt
dubdudabdududdabtutudabdede
dabedudabeltapdebtuide

Es geht für mich nur darum, in allen Musiken, die ich aufschreibe, die zentrale Erfahrung des Zwanzigsten Jahrhunderts Gestalt werden zu lassen: Nicht Gott und oder der Teufel sind Hölle oder drohen mit ihr.

Es sind die Menschen selbst, die einander Hölle sind. Und das will ich aufschreiben. Komponisten sind mutige Leute. Diese Zeichen zu schreiben. Und es braucht Mut, sie zu hören. Die Königsdisziplin aller Künste. Musik. Alles Andere ist Pipi.

dududubdndndbdu
hasndubeduübteldibide
dabadabadabadaba

Alle wollten spielen wie Charlie Parker. ALLE. Als er aus der Klinik entlassen wurde, stellte er fest, dass mittlerweile ALLE seinen Stil kopiert hatten.
Wie seinerzeit auch die anderen kopierten:
Bach Mozart Beethoven Wagner
Schönberg Nono Lachenmann

Bird wollten damals ALLE sehen und hören.
Es ist schlicht und einfach Musik, sagte Bird.
Ich will sauber spielen.
Ich bemühe mich klar zu sein in dem,
was ich auf der Bühne mache.

Eines Morgens. Meine Zunge samt der vertrockneten hart gewordenen Kotze klebt auf der anthrazitfarbenen Ausleg-ware. Kotzen ist wie ne Rückzahlung.
Und die Gestalten sitzen neben hinter auf mir:
Isntmpfdö Chyieeeyzs Sntapfmpvt Phyyyyyxxiq Kesniepf-chgmp Chnsnpfgölm Hyjsop Nieukpcylp.
Das schaffst du nie.

Bird war empfänglich für alles, was Musik war. Es gab nie ein verächtliches Wort von ihm über etwa Country oder Schlager oder Symphony.
Hör dir doch mal die Geschichten an, sagte er.
Einmal fror er beinahe draußen im Schnee ein, weil er ei-ner Heilsarmeeband zuhörte. Und einem völlig entgeisterten Rindvieh spielte er einmal mitten auf dem Feld einige Cho-russe vor. Er glaubte, Kühe mögen das.

Bird
Zadeldudaeptetetepteziutsuitzydaebibibntzsaepdeldeldeld-elglyusbrefiztb

Vielen jüngeren Schwarzen entglitt die Geduld. Armstrong war ein alter Mann, die Weißen mochten ihn. Den Jungen aber schien er als Rückschritt. Viele schämten sich und begriffen nicht, was für ein großer Sänger der Alte war.
Und Armstrong sagte: Egal, welche Hautfarbe. Es ist Jazz.

Das ist mein Zuhause.
dabeldudelduititptedadeldupdehemifredischnoe
Damals in Europa.

Als Parker aus Europa zurückkehrte, versuchte er eine breitere Zuhörerschicht zu erreichen. Er kombinierte Bebop mit Streichorchesterarrangements. Nie verkaufte er mehr. Diese Platte haben viele gehasst, dabei waren die Aufnahmen bahnbrechend. *Just friends* hieß einer der Songs. Bird fing an und spielte diesen unglaublichen Lick. Nicht zu fassen. Die Leichtigkeit. Energie. Gerade am Beginn dieses Liedes erreichte er einen Hitzegrad, der Bekanntes und Unbekanntes zum Schmelzen bringt. Verschmilzt. Siehe Einstein.
Es gab kein Vorher und Nachher. Ton- und Zeitbeugung.

Zadeldudaepteteteptezuitsuitzydaebibibntzsaepdeldeldeldelglyusbrefiztb
Fett wie Sau. Aber man nannte ihn Bird.
Atmete drei Brathähnchen ein. Vögelchen.
Klaute Kollegen die Instrumente, schleppte sie ins Pfandhaus und setzte die Kohle in Drogen um. Bis seine Venen schwarz und verkohlt waren.

1949–1965 Birdland, 1978 Broadway zwischen 52. und 53. Straße.

Er wurde bekannter. Und lebte mit einer weißen Tänzerin, deren Tochter er adoptierte. Er wurde reifer und charismatischer. Noch multipler. Er hatte viele Persönlichkeiten.

Jazzmusiker.

Drogenabhängiger.

Bürgerlicher Vater.

Ehemann mit Häuschen und freundlichen Nachbarn.

Jede dieser Aufgaben für sich genommen schon ein Fulltimejob.

Er schaffte es irgendwie, diese Rollen gleichzeitig zu spielen. Er war ein Lügner. Ein Spinner und Verzauberer.

Ein Großer.

Mehr essen mehr Alkohol mehr Frauen mehr Drogen. Mehr Musik. Bird wollte immer mehr.

Winter 1993/94. Ich will immer weniger. Keine Musik. Frau weg. Mich nervt alles. WestOst scheiße. Keine Wohnung. Mal hier, mal da. Hab zwei drei Tüten untergestellt. Ein Feldbett geborgt. Und irgendwo auch ne Luftmatratze. Also im Vergleich zu den Bahnhofzootypen ganz komfortabel. Trotzdem, aus meiner Perspektive verfolgt mich eine fette Nachwendepechsträhne.

Da bin ich aber nicht allein mit. Der Osten war in diesen Zeiten Wartesaal für Looser. Job weg. Frau weg. Freunde weg. Wohnung weg. Gesundheit weg. Zeit futsch.

Potsdamer Ecke Kurfürstenstraße. Kzzzzzz wiswa? Äe? Die Blicke von Straßenseite zu Straßenseite klären alles. Ich rüber. Er sieht noch beschissener aus als ich. Aber echt. Mund Nase Augen wie Reizgas aus Deoflasche. Haare Reetdach nach Sturmregen. Schuhe offen. Haste was? Mhmm. Kzzzz. Watn noch? Hjh, komm mit. Ich wunder mich zwar. Aber wir fahren von der Ecke glatt mit dem Taxi in seine Wohnung. Ich sag mir, dass ich jetzt ganz bescheuert geworden bin. Zu nem Dealer, den ich nicht kenne, in die Wohnung zu fahren. Alles klaro. Weiß ich, wie der drauf ist? Direkt neben der Stadtautobahn. Wohnschubfächer. Vom Gehweg fünf Stufen. Hochparterre. Und schon steh ich in seinem Flur. Sieht aus wie ein Filmset. Also ich meine: Wie sich Regisseure und Ausstatter sowas vorstellen. Ne Mischung aus Messi Waffenhandel Spritzbestecke Löffel volle Aschenbecher Essensreste.

Ooooooooooooch Mensch, wa schleppst de Type her? Seine Freundin ist ziemlich schwanger. Sieht noch schlimmer aus als er und ich. Hasse ma Zirette? Nee, bin Nichraucher.

Sie guckt durch mich durch. Augenränder wie Espressountertassen. Mund und Augen halb offen.

Kzzzzzzzzz.

Nee, sag ich. Was hastn noch?

Hiä, asrein. Äitsch. Saubes Zeu.

Mhmh.

Szapteszapteszaptesaptededuiduiduitszaptetedabttszuiszapte

Nur auf der Bühne wurde er ruhig.

Ein Vierundzwanzigstundenteufelskreis.

Weißt du, du kannst es aus deinem Körper rauskriegen. Aber nicht aus deinem Hirn. Wir wissen Bescheid. Ihr wisst nicht Bescheid. Heroin. Die meisten hat es ruiniert.

szapteszapteszaptesaptededuiduiduitszaptetedabttszuiszapte

Winter. Immer da, wo meine Luftmatratze gerade liegt. Obwohl ich schon immer Schiss vor Spritzen, Nadeln und so
nem Kram habe, hau ich mir das Ding voll rein. Ich besuche
ein zwei Mal die Woche meinen neuen Freund. Er zeigt mir,
wie man was wo wann genau macht.

Etpazsiuzsttbadetetpazstiudiudiudedetpasetpazsetpazset-
pazs

Weil ich ein ängstlicher Typ bin, denk ich natürlich, dass
ich alles unter Kontrolle habe. Auf der einen Seite weiß ich,
dass ich gerade den Faden meines Lebens verliere. Mir so
ziemlich alles egal wird. Auf der anderen Seite hab ich viel
zu viel Schiss, dort zu landen, wovon die uns in der Schule
in Staatsbürgerkunde immer Gruselrealitystorys erzählt haben. Aabaitslosichkait. Abhängigkeit. Beschaffungskrimina-
lität. Bahnhofsklo. Goldener Schuss.
Dunkel Tuten.

Sie sitzen stumm hinter mir: Isntmpf Chyieee Sntapfm
Phyyyyyxx Kesniepfch Chnsnpfg Hyjs Nieukpc.
Schaffst du nicht.

Während des Fallens wird einem das deutlich. Warum man
fällt.
Ich seh mich in Zeitlupe wie ein steifes Brett langsam nach
hinten kippen. Ich steh auf. Und schreib weiter. *Suck the
brain out of the head.* Eine Musik für sechs Schlagzeuger.
Komponiert nach vielleicht eineinhalb oder zwei Jahren
Schreibstille. Ich lasse diese charmanten sechs Superschlag-
zeuger aus Frankreich vielleicht zweidreiviermal was auf
ihre Instrumentenhäute schlagen.

Ganz am Ende. Klar. Schnell. Laut. Zusammen.

Der Rest davor wird gestrichen. Mit Darmsaiten. Fingerkuppen. Papier. Tütchen und kleinen Besen. Gestreichelt. Auf Haut. Stein. Metall. Holz. Liebevoll.

Streichelmusik. Es geht um Seele. Kuscheln. Behüten. Bewahren. Mit Webern und Zappa. Ist eine meiner Lieblingsmusiken. Sechs Schlagzeuger streicheln eine Möglichkeit und Ahnung von Musik aus ihrem archaischen Instrumentarium heraus.

Almost.

Jazzmusik ist riskant. Anspruchsvoll. Wenn du es ernst meinst.

Die Musiker riskieren ihr Leben.

Wenn du zu der Welt, die dich umgibt, eine derart intensive Beziehung hast, gibt es wenig, was dich hält.

Bird war Feuer. Diese überbordenden Ideen und diese unmenschlichen Tempi. Man durfte ihm nicht zu nahe kommen.

Chet Baker. Es gibt diesen Film von Bruce Webber. Schwarzweißfilm. Über Chet Baker. *Lets get lost*. Und da gibt es eine Stelle, wo Baker *Almost blue* singt. Nur singt. Nicht Trompete spielt. Er nimmt sein Gebiss raus und sieht aus wie eine Zeichnung von Munch. Wischt sich mit einem Tuch den leeren Mund ab. Und singt wie noch nie nie nie jemand vor ihm. Fragiles Klares über das Beinahe, das Fast.

Und übers Blau. Blaumeer.

Coda

dab da dab da dab da da
dududududududuidaeda

Jazz und Amerika sind eins. Pigmentunterschiede haben dabei keine Bedeutung. Weder in Amerika noch im Rest der Welt. Nur Talent und Fähigkeit zählen. Leistung.
Wir fühlen, dass wir im Recht sind.
Sagte Martin Luther King mal.
Im Jazz gab es von Anfang an echte Demokratie.
Zum Teil zumindest.
Musiker, schwarze und weiße. Checkten damals, wenn sie auf Tour waren, im Hilton und anderswo fünfsternemäßig ein. In den Fünfzigern. Es gab Typen, Leader, die das einfach so durchzogen und zu den Hotelempfangschefs sagten: Zeigen Sie uns bitte unsere Zimmer.

Miles Davis hatte diese Persönlichkeit. Bis zur Arroganz. Von Beginn an. Er stellte sich nicht hinten an. Er mischte immer vorne mit. Ging von Anfang an immer über sich hinaus. Und zog Leader groß. Er hatte die Begabung und Fähigkeit, intelligente, kreative Typen zu finden und in seinen Bands zusammenzubringen. Miteinander arbeiten zu lassen. Ich liebe diese Art, wie er sein Horn hält. Und mir geht immer unter die Haut, dass er einen Sound hat wie eine menschliche Stimme. Und diese Phrasierungen. Tränen.
Als alle immer noch schneller spielen wollten, spielte er nur noch lang anhaltende, wenige Töne. Wie Webern.
Schneeköniginnenmusik.

hhhhhhhhoooooooooooooooooooooohhhhhhhhhhhhh
hhhhhhhhhhhyyyyyuuuuuuu
Phhhhhhhhhhhhhhhhhhhhhhhhhhhhhhhhhhhhhhhhhhhhhh
hhhhhhhhhhoessssssffffchh

Wegen Bruce Lambourne Fowler, der bei Zappa und Captain Beefheart eine legendäre Posaune spielte, schrieb ich für Uwe Dierksen – der ebenso abartig alles spielen kann und will – ein Posaunensolo. Später wurde es, auch wegen Miles, für Trompete solo von William Forman – für mich der skurriledelste Trompeter hierzulande – aufgeführt. Der Titel dieser Musik: *PHILIPP*. Ein vierjähriger Junge. Es ist eine Hymne an die menschliche Stimme Sprache Musik. Das Porträt seiner Performance. Nie wieder habe ich solche Stimmwelten gehört wie die von Philipp, wenn er Klanggeschichten auf dem stillen Örtchen hervorbrachte.

MonsterZwerge HexRiesen MörderZischFeen FichtenKienZauberer RennRitter GoldPrinzUfos GrenzBillReiter und KönigPiloten. UhuJungen auf SchlangenPferden, PrinzessinnenTiger neben GiraffenWölfen, SäbelzahnAdler und WalhaiDrachen kämpften mitundgegeneinander, für und um etwas. Genauer gesagt: um alles oder nichts.
Begegneten sich auf Gebirgsengpässen und in Wolkenschwindelschluchten, im uralthohen Baumwipfelgrün unserer Parke und in Graudunkeleistälern ferner Galaxien. Tauchend im Seeschlammgeschilfstein und in Regenknochwüsten, tanzend auf Orkanwimpern, liegend inmitten leuchtend, duftender Strohnektarhimmelsblüten.
Unvorstellbare, atemberaubende Gleichzeitigkeit und fliehende Wechsel der polymonophonen Räuschflechte aus Nicht(w)orten, Herkunft und Heimat.
BrüllSäuselHauchKnirschend.
Brutal zeitengleich fragil.

Eine Klarheit und Einheit von Klängen, Inhalten und Bewegungen, wie sie im Verlauf des Älterwerdens nur immer mehr entfremdet wird vom Land, das unsre Sprache spricht.

Wenn Amerika – und damit meine ich gesamt Nordzentral-
undsüdamerika – den Jazz als das nimmt, wo er herkommt
und wo er hinwill, dann müsste es ihn sofort durchkauen,
wiederkäuen und ausspucken in den Tiegel, in dem alles in
diesem Land endet oder beginnt. Und infragestellt.

Monk: Wir werden etwas schaffen, was sie nicht stehlen
können, weil sie es nicht spielen können.
Monk. Der, der aus der Reihe tanzt. Will wie Chopin das
nicht Gespielte und Stille hörbar machen. Ähnlich Webern
oder Evangelisti.
Monk. Der Pianist, der weiß wie es geht. Stellt viele und
die richtigen Fragen mit seiner Musik. Einzigartig originell
genial. Nutzt die althergebrachte Technik des Klavierspiels.
Und sucht Reibung. Kampf. Ein Spiel voller Spannungen.
Stride und free gleich Monk. Kühl und heiß. Schwarz.
Von oben herab.
Sobald man seine Musik hört, will man sie auch spielen.
Aber da fängt der Ärger an. Böse.

Linke Hand: Sechs Achtel.
Rechte Hand: Vier Viertel.

Immer im Fallen. Ganz bei sich selbst.
Der Pianist mit Tonbeugung.
Man hat den Eindruck einer großen Unordnung. Die aber
streng strukturiert ist. Freude schöner Götterfunken.
Hundertkiloschwere Klänge und nanogrammleichte Töne.
Der Tod umgibt ihn.
All die alten Kumpel verabschieden sich.
Er hilft ihm die Zeit zu verstehen und in die Augen zu sehen.
Monk ist in einer SchattenWellenFestung. Die ihn von den
anderen Menschen wegreißt.

Er schweigt.

Und geht erst 1982.

Die Musiken erzählen die Geschichten.

Von der Nähe zur Welt und dem Leben auf anderen Planeten. Bach Beethoven Brahms Schönberg Nono

D'AMATO SYSTEM

Und so regt er sich gebärdend,
sich als Knabe schon verkündend
Künftigen Meister alles Schönen,
dem die ewigen Melodien
Durch die Glieder sich bewegen;
Und so werdet ihr ihn hören,
Und so werdet ihr ihn sehn zu
Einzigster Bewunderung.

Johann Wolfgang von Goethe,
Faust, Der Tragödie zweiter Teil

CASSIUS MARCELLUS Clay. Der Größte. Ali. Das Idol und der bedeutendste Schwergewichtsboxer und Athlet aller Zeiten lehnte öffentlich den Vietnamkrieg ab und unterstützte die Unabhängigkeitsbewegung der Afroamerikaner. Im April 1967 wurde Ali der Weltmeistertitel aberkannt, nachdem er sich geweigert hatte, den Wehrdienst anzutreten. Ausschlaggebend für seine Entscheidung nannte er seinen Glauben, er sprach aber auch die Frage der fehlenden Gleichberechtigung der Afroamerikaner an: Nein, ich werde nicht zehntausend Meilen von zu Hause entfernt helfen, eine andere arme Nation zu ermorden und niederzubrennen, nur um die Vorherrschaft weißer Sklavenherrn über die dunkleren Völker der Welt sichern zu helfen.

Wenn die ARD einen Boxkampf live übertrug, weckte mich mein Vater um halb vier, anderthalb Stunden bevor er zur Arbeit fuhr. Eingewickelt in eine kratzende Decke durfte ich die legendären Fights von Muhammed Ali gucken.

1. Oktober 1975. Ali gegen Frazier. Gong. Boxen zählt neben Ringen und Fechten zu den ältesten Wettbewerben der Menschheit. Ali steht da wie ein Fechter.

Ein Poet der Fäuste.

Nicht nur Schriftsteller wie Döblin Brecht Mailer Hemingway Reemtsma Oates Schmidt London bewunderten die Ausnahmeboxer ihrer Zeiten.

In diesen Momenten hatte ich meinen Vater ganz für mich und er mich auch. Wir beide bewunderten diesen gestikulierenden dunkelhäutigen amerikanischen Sportler, der mit weit aufgerissenen Augen Gedichte von Schmetterlingen und Bienen zitierte und damit sich selbst meinte. Und zum ersten Mal spürte ich wahrscheinlich etwas Ähnliches wie das, was die Zuschauer vor Tausenden von Jahren bei den Gladiatorenkämpfen im Kolosseum in Rom gespürt hatten. Dass sie, wenn sie nur einmal der Blick eines siegreichen Gladiators streifte, sie seine Stimme hörten oder beim Einmarsch ganz kurz seine Haut berührten, dadurch selbst unbesiegbar und unsterblich wurden.

Und manchmal flossen die Tränen ineinander, so dass sich die Bilder und Erinnerungen der einzelnen Menschen vermischten und zu einem großen glänzenden See wurden, einem dunkel glitzernden Geheimnis.
Das waren besondere Momente, glückliche Momente.
Kurz, ganz kurz stand die Welt still.
Kurz, ganz kurz war die Traurigkeit der Menschen geborgen.

Der Tränenpalast von Iris ter Schiphorst,
vertont in: *Das D'Amato System*

Viele Jahre später begegnete mir bei einem dieser Fernsehkämpfe Michael Gerard Tyson. Er wurde mein Idol auf gleicher Höhe wie Freddy Mercury, Jimi Hendrix und Hermann Hesse.

Irgendwann wusste ich auch, warum das so war: Ein einsachtzig großer, um die hundert Kilo schwerer Sportler bewegt sich in einem eng abgesteckten Ring wie Baryshnikov. Boxer sind Tänzer! Körper und sonst nichts. Aber sie verfügen über eine komplexe Sprache und lesenschreiben einen imaginären Text. Es geht beim Boxen darum, jede einzelne Runde zu gestalten.

Tyson, groß geworden in der Bronx in einer promisken, kin-

derreichen Familie mit einer alleinerziehenden Mutter, ging den bekannten Weg über Kinderundjugendkriminalität, Gefängnis bis zum Boxsport. Ohne zu wissen, wohin ihn das bringen würde. Wem er vertrauen könnte. Auf seinem Weg zum jüngsten Schwergewichtsmeister aller Zeiten machten ihm zwei weiße Trainer von Anfang an klar, dass sie an ihn glaubten (sie waren wahrscheinlich die einzigen Weißen, die es jemals Ernst mit ihm meinten): Cus D'Amato und sein Assistent Teddy Atlas. D'Amato war Boxtrainer in Catsville und hatte gemeinsam mit seiner Frau in seinem Haus ungefähr zehn schwererziehbare, auffällig gewordene Jugendliche untergebracht. Gab ihnen Essen, frische Klamotten, Vertrauen, Diziplin und die Liebe zum Boxsport. D'Amato brachte Tyson alles bei. Respektierte seine Persönlichkeit. Er zeigte ihm, wie man Strategien und Bewegungen liest. Er lehrte ihm den Mut, verletzt zu werden, mit Schmerz umzugehen. Respekt vor dem Gegner zu haben. Fallen und wieder aufzustehn. Zu gewinnen. Mit dem Verlieren umzugehn. An Niederlagen zu wachsen.
Boxen ist eine Allegorie auf das Leben.
Lieben verlieren lieben verlieren lieben verlieren.
Bewahren.

Mir gefällt mich im Schönen geweilt.
Das Augen schonen.
Nun möchte ich Schluss machen, da denke ich ganz an Dich.
Sieht es volle schöne Blumenmeer.
Nochmals wegen Lungen und Hitzewelle.
Aber es ist nicht einfach.
Herzstillstand, wie weißt Du ja.

Das D'Amato System

Kein wirklich großer Boxer geht ausschließlich und nur deshalb in den Ring um zu gewinnen. Die Komplexität besteht darin, verletzt zu werden. Vor den Augen aller. Allein zu sein. Mit dem anderen. Dem Gegenüber. Gewinnen ist fast zweitrangig und sozusagen nur Bedingung und Oberfläche für den gesellschaftlichen Aufstieg. Selbstverständlich.

1995 komponierte ich eine Tanzoper, die sich mit zweierlei auseinandersetzte: mit dem sogenannten D'Amato System, einer Choreografie aus nahezu gleichzeitigen Vorundrückwärtsbewegungen, die Mike Tyson in einem unaussprechlichen Grad beherrschte. Und: Verletzbarkeit.

Mike Tyson ist in Wirklichkeit wie eine Mingvase. Kostbar. Zerbrechlich.

> Elf Fünf Neunzehn zwei sechszehn vier
> sechs zehn zwei Fünf
> Das Augen
> Sehr wichtig schonen, ruhen.
>
> *Das D'Amato System*

Im Alter von zwanzig Jahren wurde er der jüngste Schwergewichtsweltmeister aller Zeiten. Mit Einundzwanzig war Tyson der erste und unumstrittene Weltmeister aller Klassen, der die Titel der drei großen Boxverbände erkämpfte. Undisputed Heavyweight Champion. 1966 in ärmlichsten Verhältnissen in Brooklyn geboren. Mit zwölf Jahren bereits achtunddreißig Mal von der Polizei festgenommen. Ich habe bis heute nie von einem widersprüchlicheren Boxer gehört als ihm. Einerseits schüchtern höchst emotional intuitiv liebenswürdig nah am Wasser gebaut mit hoher lispelnder Mädchenstimme. Andererseits konzentriert er sich auf den einen Schlag, der dem Gegner die Nase ins Gehirn rammt. Seine KOquote: achtundneunzig Prozent. Vor seinem ersten Amateurjugendwettkampf bekam er vor Angst einen Heulkrampf. Ein Dokumentarfilmteam begleitete ihn zu seinem ersten größeren Turnier. Aus dem Schluchzen heraus kamen die Worte, kaum zu verstehen: Meinst du, sie werden mich mögen? Sein damaliger Trainer Teddy Atlas musste ihn in den Arm nehmen, ihn beruhigen und ihm Mut zusprechen, zärtlich streicheln. Trost und Vertrauen. Wie ein kleines Hühnchen auf der Hauptverkehrsstraße. Was kurz darauf im Ring geschah, war eine unfassbare Verwandlung. Kaum mit bloßem Auge zu erkennen. Weniger als eine Minute zuvor noch angstpanisch weinend in den Armen des Trainers, verwandelte sich Tysons Lähmung in eine kolibriartige, unsichtbare Geschwindigkeit und Kraft, in eine skalpellhafte Präzision. Seine Fähigkeit, zuvor tausendfach langsamst eintrainierte Bewegungsabläufe intuitiv abzurufen, aus diesem kaum planbaren Moment heraus mit größter Genauigkeit und Sicherheit auf das Repertoire fast unzähliger Kombinationsmöglichkeiten zurückzugreifen, machte ihn zum sophisticated guy. Wie auch große Instrumentalisten. Zu etwas ganz Besonderem, Einzigartigem unter vielen Hochbegabten und wild Entschlossenen. Wie kein anderer beherrschte er den von Cus D'Amato entwickelten Kuckucksstil. Tysons Handschrift: der Ausweichangriff, eine komplexe Abfolge unterschiedlich schneller Pendelbewegungen des Oberkörpers, bei denen er die Hände oben behielt und aus denen heraus er blitzschnelle, präzise Schläge setzte. Das Wichtigste dabei: die Kopfbewegung nach jedem Schlag. Tysons Kuckucksstil war äußerst anspruchsvoll. Fließende Übergänge zwischen Abwehr und Angriff: Du weichst aus und blockst nichts ab. Du duckst dich und pendelst mit dem Körper hin und her. Aus dieser Bewegung entstehen dann die Kombinationen. Europäische Boxer in dieser Gewichtsklasse träumen nicht mal davon.

Zu schnell, dynamisch und geschmeidig in einem. Erinnern Sie sich auch an Bird?

Vor allem ist es kompliziert. Und du bist allein, musst einen genauen Plan haben. Das Wesentliche: aus der Deckung in einer geschmeidigen Bewegung nach vorn fließen. Quecksilber. Offensive und Defensive sind dann eins. Der etwa vierzehnjährige Tyson trat gegen einen zwanzig Kilo schwereren und fünfundzwanzig Zentimeter größeren weißen Gegner an. Das Resultat war KOsieg nach achtundzwanzig Sekunden. Sein Schlag beschleunigte auf achteinhalb Meter pro Sekunde. Niemand wirkte im Ring mit einer derartigen Wucht und Explosivität, gepaart mit Präzision und Eleganz. Tysons blitzschnelle Jabundhakenserienschlagfrequenz wurde von D'Amato erfunden und *Peek-a-boo* genannt. Er trat generell ohne Socken in den Ring. Tyson verfügte extrem früh über ein exzellentes Defensivbewusstsein. Cus D'Amatos Grundsatz: Defence first beherrschte Tyson wie Glenn Gould die *Goldberg Variationen*. Wenn jemand so kämpft wie Mike Tyson, oder so spielt wie Glenn Gould, dann schauen wir gebannt und hypnotisiert darauf wie auf die Flöte des Schlangenbeschwörers.

Von fünfzig unentschuldigten Fehltagen im zweiten Halbjahr 1976/77 kam ich auf null Fehltage im ersten Halbjahr 1977/78. Der einzige Grund ist: Ich heiße Jürgen Druschky. Ihr könnt Jürgen zu mir sagen. Der neue Klassenlehrer. Was? Wir können Jürgen zu ihm sagen? Kann doch nicht sein, oder? Friedliche Revolution auf Augenhöhe ohne Bedeutungsoderautoritätsverlust.

Deutsch und Sport. Ich gehe so gut wie nie zum Sportunterricht. Seit aber Ich heiße Jürgen Druschky, ihr könnt Jürgen zu mir sagen an meiner Schule ist, ist alles anders. Ein Pädagoge mit der natürlichsten und deshalb größtmöglichen

Autorität, die man sich als junger Zehntklässler wünscht. Endlich ein Profi. Neun Jahre musste ich hier aufgrund des Fachkräftemangels warten. Zweite Sportstunde: O Goshi. Großer Hüftwurf. O Goshi ist nach dem Schulterwurf sicher der bekannteste Wurf des Judo, der auch in vielen anderen Kampfsportarten zu finden ist. Einer der ersten Würfe, die jungen Judoka zum Erfolg verhelfen. Ich melde mich freiwillig als Testmodell: J schiebt, H übernimmt Js Schwung und dreht sich bis zur völligen Blockade von Js Hüfte ein. Hs Arm liegt auf Js Rücken, mit diesem und mit dem gewonnenen Schwung kann J nun ausgehoben werden. Beide Beine stehen beim Ansatz des Wurfes innen (das heißt zwischen Js Beinen). Um unter den Schwerpunkt zu gelangen, muss H mit geradem Rücken in die Knie gehen. Dann wird J am linken Arm auf Hs Schulter gezogen. Im Aufstehen, das heißt mit Durchstrecken der Beine und kräftigen Zug am linken Arm, wird J nach vorne geworfen. Es ist wichtig, J nun gut festzuhalten und nicht ungebremst auf die Matte fallen zu lassen. Bis zum letzten Ablaufdetail hatte ich alles gut verstanden und im Griff. Sozusagen.

Das Nichtungebremstaufdiemattefallenlassen klappte so nicht. Irgendwas hatte ich missverstanden. Schultergelenk ausgekugelt. Stunde beendet. Zwei bis drei Wochen trug Ihr könnt Jürgen zu mir sagen seinen Arm in der Schlaufe. Ich war der, der den neuen Sportundklassenlehrer auf die Matte gelegt hatte.

Eine durchaus neue Erfahrung für mich.

Bis in den Morgen saßen wir Schüler bei Jürgen, um über den Unterschied zwischen Kommunismus und realexistierenden Sozialismus zu diskutieren. Über Religion und Philosophie. Sport und Privates. Bei ihm zu Hause. Das war von Anfang an sein Stil. Unsere Zeit war seine Zeit. Ein generöser Lehrer. Die Verausgabung seiner Kraft und Lebens-zeit für uns war ihm Berufung. Jürgen hat uns genau richtig vorbereitet. Vor allem und nicht zuletzt durch seinen Res-pekt jeder einzelnen Schülerpersönlichkeit gegenüber. Ge-paart mit klaren und dosierten Forderungen, Ansprüchen an die Leistung der gesamten Klasse. Es ging um größere Zusammenhänge und die eigene Transferleistung. Nicht um ein Auswendiglernen und Abspulen.

Wie er mit meinen Eltern umging und mit mir, der ich zu Beginn seiner Zeit recht eigenartig in jeder Hinsicht war, werde ich ihm nie vergessen. Der erste Hausbesuch. Wie ge-nau dieses Gespräch vorbereitet war. Kompetent und sou-verän der Situation entsprechend hat er mich und meine Eltern begleitet. Begleitung. Darin war dieser Klassenleh-rer meisterhaft. Entspannt, fast selbstverständlich. Eigent-lich sollte ich, das war beschlossene Sache, von der Schule fliegen. Keine Ahnung, was die mit mir vorhatten. Er sprach sich für mich aus und nahm mich unter seine besondere Beobachtung. Ich wurde durch diese Art des verantwortli-chen Umgangs und der klaren Ansprache ein anderer. Da-rauf hatte ich doch aber gewartet. Wenn ich heute, einmal im Jahr, in sogenannten Educationprojekten mit Schulklas-sen arbeite, ist Jürgen Druschky mein absolutes Vorbild.

Obwohl meine Musik auf tatsächlichen Begebenheiten be-ruht, ist sie keine exakte Schilderung einer wahren Geschichte. *Das D'Amato System* basiert zum Teil auf dem Geständnis ei-nes Mannes, das dieser jedoch später zum großen Teil wider-rief. Andere Personen sind frei erfundene Charaktere.

April 1995 London, Queen Elizabeth Hall. Wie beim Bo-xen sitzen die Konzertbesucher direkt am Ring. Shakes-peare. Tennis. Fußball. Ich sitze etwa einen Meter von der ersten Reihe entfernt. Von Angesicht zu Angesicht. Hinter und neben mir die besten Musiker und Musikerinnen, mit denen ich bis hierhin gearbeitet habe. Ich halte meine Gitarre im Arm. Die kleine alte von Schneider aus Markneukirchen. Hab ich Anfang der Achtziger selber dort abgeholt. Meine Musik ist bei der London Sinfonietta zu einem Porträtkonzert eingeladen. Ich spiele als Solist bei zweien meiner Arbeiten mit. Und spüre, wie es langsam aus mir herausläuft. Kenne ich schon. Erst ein kleines heißes kriechendes Rinnsal. Unsichtbar. Aber ich weiß, gleich werden es alle sehen. Hab definitiv keine Hand frei. Spiele eine echt schwere Stelle. Muss mich konzentrieren. Und im Moment des komplexesten Unisonozusammenspiels mit den anderen Musikern ist es nicht mehr aufzuhalten. Ich habe Nasenbluten. Es tropft am vorderen Schallloch vorbei runter auf meine Füße. Ich habe sehr schöne Schuhe an. Blaue Pumas. Die alten Bretter bemale ich mit der einzigen Farbe, die ich zur Verfügung habe. Rot. Blute alles voll. Und spiele weiter. Darf meine Musik nicht unterbrechen. Während ich mit rasanter Twohandtechnik Noten herausschlage, schießen mir ebensoviele Tropfen Adrenalin in den Körper. Und polyphone Gedanken durch den Kopf. Trotzdem oder gerade deshalb funktioniert die Intuition. In hunderten Stunden geprobte reflexhafte präzise Abläufe zwischen acht Fingerkuppen und sechs Saiten verteilt auf circa neunzehn Bünde. Wie beim Hochsprung: vierundzwanzig Bewegungen in einer Sekunde.

Mike Tyson hatte Timing, Hebelkraft und Stärke. Stärke, deren Motor seine Angst war. Angst spielt eine große Rolle. Alle haben Angst. Angst ist wie Feuer. Dieses Feuer führt zu einem atemraubenden Destillat.
Bevor er Boxer wurde, hatte Tyson eine Liebe: Tauben. Ei-

nes Tages entdeckte eine Gang aus seinem Viertel seinen Taubenverschlag auf dem Dach. Sie rissen allen Vögeln die Köpfe ab. Es gab eine erste echte Schlägerei. Er war ein kleiner Piepel. Und er gewann den Kampf. Jahrzehnte später, wenn Tyson diese Geschichte erzählt (ihm laufen dabei die Tränen aus den Augen zurück in den Hals, und es schnürt ihm seine Kehle zu), ortet er sie als Schlüsselmoment, als Ausgangspunkt seines Boxerlebens: Er wollte, dass ihm so etwas nie wieder passiert. Halblaut geflüstert: Er würde jeden umbringen, der sich an seinen Tauben vergreift. An seiner Liebe. Unerlaubt, ungefragt diesen Schutzraum betritt.

> Und ich bin immer traurig.
> Er sank wie ein großes Schiff.
>
> *Das D'Amato System*

Erster Tag in London, vor dem Konzert. Werde in Heathrow abgeholt. Jaguar. Weiße Ledersitze. Ins Hotel. Rote Samtbezüge. Am Empfang ein Inder in schwarzer Livrée. Ich bekomme wie gewünscht ein Zimmer ganz oben in der Ecke. Die Suite ist ein bisschen heruntergekommen. Aber edeloll. Second hand but stylish. Ich packe sofort meine Gitarre aus und fange an zu üben. Bis mir kalt wird. Besonders an den Händen und Füßen. Heizungsregler Fehlanzeige. Ich rufe unten an. Hello. Dis is ruum feifhandertfortiwan.

September 1966. Der Fernsehsprachkurs: *English for you* geht auf Sendung. Einundfünfzig Folgen richteten sich an Schüler der Klassenstufen Sieben und Acht, aber auch an DDRbürger, die wegen der Songtexte und für später mal Englisch sprechen lernen wollten. Ich schaute mir die Nachmittagsfolgen wegen der roten Doppelstockbusse in London und wegen der Alltagsszenen in der Untergrundbahn und rund um Westminster an. Big Ben und so. Ding Dong

Ding Dong. Dong Ding Ding Dong. Situationen aus dem Alltag im kapitalistischen Großbritannien spielten eine zentrale Rolle. Die Schwierigkeiten der Gewerkschaftstätigkeit. Soziale Probleme im Allgemeinen. *Hello, viewers. This is another lesson of English for you.* Waren die Grußworte zu Beginn. Korrektes Kostüm und Sechzigerjahrebrille wurden zum unvergesslichen Fernseherlebnis. Das englische Paar Tom und Peggy spielten die Hauptrollen. Zur Darstellung von grammatischen Phänomenen diente eine Flanelltafel, an die Wörter, Sätze und gezeichnete Standbilder angeheftet wurden. *Say after me, please;* war die Kernaufforderung der Moderatorin.

Ich rufe also unten an. Hello. Dis is ruum feifhandertfortiwan. Ei hef in tu auers a weri impoatent rihörsl. Ent tumorro a big konzert in se Queen Elizabeth Hall. Ent me is kolt.

Er: Excuse me, Sir?

Ich: Wot?

Er: Sir?

Ich: Äh. Sorri foa mei rieli bät Englisch. Bat hier in mei ruum itz tuu kolt foa mi. Ei em weri efreit.

Er: Excuse me, Sir. I do not understand.

Ich, ein bisschen lauter und tiefer: Sorri Sör, bat mei eggs is so kolt. Ei kahnt stei longa hier in dis ruum.

Er: Oh, I am so sorry. How can I help you?

Ich, jetzt richtig sauer: Weit a minit, ei kamm abstärs.

Die Ausbreitung der phonetischen Schrift geht mit einer ganz spezifischen Vereinzelung einher. Denn sie bedarf nicht mehr des mündlichen Kontextes, der für alle anderen grafischen Systeme unabdingbar ist, sondern ruft mittels jener spezifischen Operation namens Lesen im Inneren Bilder und Stimmen hervor. Kommunikation wird zur

Selbstberührung und der oder das konkrete Andere
überflüssig. Ort dieser Verbindung ist der Körper, ihr
Name: Lesen. Ihr Endresultat, ihr Sinn, beziehungsweise
das Imaginäre. Sinn und Unsinn sind Kriterien, die einem
Blick gehorchen, der auf unsichtbare Weise mit den Ohren
verbunden ist. Denn Sinn beginnt sich erst mit dem Sieg
des Gesichtssinns über den Handsinn zu etablieren.
Es ist ein Blick, der die Stimme verschriftet, ihren unkon-
trollierbaren Fluss stillstellt. Dieser Blick ist ins Jenseits
gerichtet und darin geübt, in Symbolen, die nicht auf das
Sichtbare verweisen, zu visualisieren.

Iris ter Schiphorst, vertont in: *Das D'Amato System*

Gebärdensprache, die wahrscheinlich älteste Sprache der
Erde. Mutter aller Sprachen. Sprache auch des Boxens.
Der wahrscheinlich ältesten Sportart.

Das Augen schonen. Singt oder besser sagt singschreit die
gehörlose Solistin Christina Schönfeld in den Takten Ein-
undneunzig bis Dreiundneunzig meines *D'Amato Systems*.
Tanzoper in fünfzehn Szenen. Von Hans Werner Henze
1995 für die Münchner Musik Biennale in Auftrag gegeben.
Ruth Berghaus, für die ich in den Jahren zuvor zwei The-
atermusiken ihrer Inszenierungen auf Brechtstücke komponiert hatte, sollte Regie auch im Rahmen einer Theater-
Werkstatt führen. Sie starb. Maxim Dessau übernahm und
inszenierte fantastisch. Maxim, Ruth Berghaus' Sohn aus
ihrer Ehe mit dem Komponisten Paul Dessau. Dem Förde-
rer und Impulsgeber für einige der jüngeren Komponisten-
generation wie Luigi Nono, Hans Werner Henze, Friedrich
Schenker und Friedrich Goldmann.

Ort dieser Verbindung ist der Körper. Ihr Name
»Lesen«, ihr »Endresultat«, »der Sinn«, beziehungsweise,
»das Imaginäre«. Sinn und Un-Sinn sind Kriterien
die einem Blick gehorchen.

Iris ter Schiphorst, vertont in *Das D'Amato System*

Das Augen schonen.
Es ist für mich einer der berührendsten Momente. Sehsucht.

O Theseus, o mein Theseus,
ja, denn mein will ich dich nennen,
    der du doch mein bist
auch wenn du, ach Grausamer,
    meinen Augen entschwindest.
Wende dich um, mein Theseus,
Wende dich um Theseus, O Gott,
Wende dich zurück,
    diejenige noch einmal anzublicken,
die für dich Heimat und Herrschaft aufgegeben hat
und nun an dieser Stätte,
Opfer erbarmungsloser, grausamer Bestien,
ihr Gebein wird lassen müssen.
Wo, wo ist die Treue,
die du mir so fest geschworen hast?
Ist dies der Ahnen Thron,
den du mir versprachst?
mich zurückzulassen
bei den wilden Tieren,
    die mich zerfleischen und verschlingen?

Claudio Monteverdi, *Lamento di Arianna*

Ich habe Gruften ausgehoben, und bei Beerdigungen stand dann genau ein Mensch, um Abschied zu nehmen.

Aufhören! Eine einsame Stimme. Leise, aber für alle vernehmbar. Aufhören! Jemand unter den Zuhörern im Konzerthaus am Berliner Gendarmenmarkt inmitten der Uraufführung meiner Orgelmusik *4 Real*. Für Ernst. Aufhören! Meine erste bewusste inhaltliche Beschäftigung mit dem Thema: Verschwinden. Ich meinte nicht nur das Verschwinden von Klängen und Tönen und das Verschwinden von gesellschaftlichen, politischen Systemen, sondern vor allem das Verschwinden von Menschen. Ich bezog mich auf das absichtliche, mit einer Entscheidung zusammenhängende Verschwinden von Einzelpersonen. Es ist unheimlich: sobald man sich mit diesem Thema beschäftigt, stellt man fest, wieviele hunderte, tausende Menschen jährlich ohne ein Wort der Erklärung vom Erdboden verschluckt werden wollen. Die offensichtlich die Entscheidung treffen, an diesem Leben nicht mehr teilzunehmen.
Nicht mehr mitzumachen. Aufhören!
Ich war zu dieser Zeit ein Fan der *Manic Street Preachers*. Ihr Gitarrist und Texter Richard James Edwards verschwand von einem Tag auf den anderen. Und tauchte nie wieder auf. Er wurde nicht aus dem Leben gerissen, wie man so sagt, sondern tauchte für immer unter. Lebend oder sterbend. Ich durchsetzte meine Orgelmusik mit Richey Edwards' Songtexten, die aber weder gesungen oder gespro-

chen wurden noch im Programmheft standen. Seine Worte waren nur für mich und den Organisten zu lesen.

Ich bin mir sicher, dass ein Musiker anders musiziert, wenn er die Geschichte hinter den Klängen kennt. Und durch sein Wissen die Zuhörer direkt beeinflusst. Die Einsamkeit, die Leere der Klänge in 4*Real* und die daraus resultierende Bedrückung führte zu diesem Zwischenruf des Zuhörers: Aufhören! Verlust ist schwer zu ertragen. Und wenn man Sonntagnachmittag in ein Orgelkonzert geht, möchte man vielleicht etwas Erbauendes, etwas Schönes erleben. Aber mein Wunsch ist es, durch meine Musik mir, den Musikern und den Zuhörern immer wieder klarzumachen, wie zerbrechlich alles hier ist. Wie sich dieses Leben von einer Sekunde auf die andere verändern kann. Der Boden unter den Füßen verschwindet und man sich im freien Fall befindet. Genau davon erzählt jede ernstzunehmende Musik.

Es wird berichtet, dass die Leute in Scharen die Kirche verließen, wenn Johann Sebastian Bach bei Gottesdiensten selbst an der Orgel saß und spielte. Ich frage mich, von welcher Realität er erzählte und sang. 1724 wurde seine Johannespassion uraufgeführt. Hat Bach geweint? Ganz sicher.

Davor lag meine Zeit in der Evangelischen Kirchengemeinde Berlin Mahlsdorf. In der Alten Pfarrkirche von 1250, dem ältesten Bauwerk in Mahlsdorf und einem der ältesten Berlins. Dort hatte ich meine erste verantwortungsvolle Arbeit: als Friedhofsgärtner Küster Heizer junger Mann für alles sonst noch so. Ich kam direkt nach meiner Lehrzeit zum Baufacharbeiter beim VEB Autobahnbaukombinat Dresden im September 1978 in die Kirchengemeinde Mahlsdorf. Zu Pfarrer Bauer, dem – wenn dies Bild nicht zu schräg ist – Patron der Gemeinde. Er ging mit mir anders um als mit jedem anderen dort. Wir hatten von Anfang an ein respektvolles, aber fast zu entspanntes Verhältnis. Er sprach in einer unerwarteten Beiläufigkeit über die mir damals wichtigsten Dinge meines Lebens. Anders und doch ähnlich wie Mürke, Druschky und Rosendhal. Mahlsdorf und seine Menschen waren die richtige Welt zur richtigen Zeit. Diese abgeschiedene stille Friedwelt. Die kleine Kirche mit dem roten Teppich und der Orgel. Auf ihr improvisierte ich stundenlang und lauschte dem, was da mit mir und ihr geschah, unseren Bildern. Und fühlte mich wie ein großer Musiker, dabei war es vor allem diese Orgel, die alles so groß und gut und voll machte.

1. September 1976. Zehnte geschafft. Sommer verging mit Nichtstun. Und Wichsen. Ansichselbstrumspielerei und so. Jetzt sitz ich in einem Bauwagen. Autobahnbaukombinat Dresden, Spezialisierung Tiefbau. Erster Tag, erstes Lehrjahr. Vier junge Menschen. Nach zwei Wochen werden Namen verteilt. Erstens Frosch, zweitens Ratte, drittens Spacke und viertens Locke (Ich). Uns stehen drei gelbe Helme gegenüber. Erstens Chef: zwei Meter groß, Westerzgebirgler: Gimma a Sta. Zweitens Timmo: dauerangesoffen, grinsend. Drittens Otti: freundliches Willkommen, offene klare Augen, Friedrichshainer – ruhiger verbindlicher Denkertyp, spielte in Bands wie Nachtfalter (Strittmatters *Ich mach ein Lied aus Stille und aus Septemberlicht. Das Schweigen einer Grille geht ein in mein Gedicht.*), Die Wilderer (Ost-Kultband), las Klemperer Bulgakow Schuschkin Platonow Paustowskij spielte genial den Mundharmonikapart vom *Work Song* der Paul Butterfield Blues Band. Ein Orchester, das er immer in der Hosentasche hatte. Aber der Oberhammer in Sachen Musik sollte für ihn erst nach der Wende zuschlagen: Beginnt mit Die Wilderer und seinem Freund Jörg Wilki Wilkendorf (der Gitarrist, der in meinen späteren

Opern und Orchestermusiken die EGitarrensoloparts und Hauptdarstellerrollen übernehmen wird) mit einem Klampfensolo den RioReiserSong *Keine Macht für Niemand*. Allein auf der Bühne. Sechstausend (Wilki sagt, es sind mindestens Siebentausend gewesen) sehen ihn an. Hören ihm zu. Und dann kommt Rio. Barfuß. Nebel. Beginnt zu singen. Neben Otti.

Mein Autobahnbaukombinatjunglehrmeister.

Gibt's ja gar nich. Aber ich hab das Video gesehn!

Otti, Torsten Ottersberg, ist mein Beschützer und Retter während der zwei Lehrjahre. Und darüber hinaus. Mein lieber guter bester Freund. Nach Jahren, in denen wir uns aus den Augen verloren hatten, fingen wir 1993 mit *Wrong* an, gemeinsam an Musiken zu arbeiten. Er hatte von Beginn an komische Ideen, die wir dann in nahezu jeder größeren Oper umsetzten. Musik, Raum und Bewegung. Datenhandschuh. Surroundsound. High Tech und polnisch Mono. Low fi aber high end.

Im Herbst 1995 im WDRsendesaal erwiderte Torsten die vage formulierte Ablehnung der Surroundtechnik durch einen Cheftonmeister mit den Worten: Ja und als die ersten Eisenbahnen fünfzehn km/h fuhren, dachten alle Leute, man könne dreißig km/h nicht überleben.

Als im Frühjahr nach der Premiere beim WDRfestival in Witten einer der Tonmeisterassistenten die Bänder versehentlich formatierte und somit den kompletten Mitschnitt der Premierenaufzeichnung löschte, bekamen wir noch einmal die Gelegenheit, die *Dokumentaroper* (meine erste) konzertant aufzuführen. Und der WDR, sie erneut aufzuzeichnen. Wir setzten unseren Anspruch etwas höher und es entstand die erste Klassik CD in einem Surroundwiedergabeformat. Derjenige, dem wir diese Möglichkeit verdankten, hatte an den Maschinen zwischen zwei Optionen zu wählen. Die Technik fragte noch nicht: Are you sure?

Der Assistent entschied sich für den falschen Knopf. Egal. Wir jedenfalls waren fest davon überzeugt, dass sich die Surroundtechnik rasant verbreiten würde und dass diese Entwicklung ein ähnlich großer Schritt wäre wie der von Mono zu Stereo. Klar wurden wir von nicht wenigen musikalischen Zeitgenossen belächelt. Heute sind Mischformen von Monostereoundsurroundbeschallungen an der Tagesordnung. Sogar für den Privatgebrauch hat es sich inzwischen durchgesetzt.

Vierstimmiger Herrenchor. Aus einem Kassettenrecorder. Beschwingt fröhliche Volksmusik. In der Regel beginnen meine Bautage genau so: sieben Uhr. Stinkende kalte klamme vor Dreck allein stehende Klamotten. Bollerofen angeheizt. Timme macht Musik an und frönt einer Flatulenz, als gäbe es kein Morgen mehr. Der Herrenchor singt von Fotzen und Ficken. Und Ficken und Fotzen. Von hinten und von vorn und umgekehrt. Timmo singt laut mit. Kennt alle Texte auswendig. Und schaut mich an. Mich. Wahrscheinlich entgleiten meine Gesichtszüge lauter als die Herrenmusik. Hörsturz. Ich will nach Hause. Sein Grinsegesicht ist vielleicht zwei Zentimeter von meinem Käsegesicht entfernt. Eh, watn Locke? Kiekstn so? Lachste? Uff Maul? Dicke Lippe?

Otti rettet mich.

Am Vormittag wühlen die vier Lehrlinge unter Anleitung der zwei Junglehrmeister und unter Beobachtung des Altlehrmeisters in der Erde. Einer buddelt und viere stehn rum. Ein weiterer sitzt im Fahrerhaus des W50 und raucht KARO. Rund und filterlos. Lungentorpedo. Tiefbau eben. Das Gleiche am Nachmittag. Wir können froh sein, dass die Ampeln an der Kreuzung und die eine oder andere

Straßenbeleuchtung nach dem Zuschütten nicht wieder umkipten. Sehr schräg ist die Zyklusarbeit. Halb vier Uhr morgens werden wir in einem Leiterwagen abgeholt. Sitzen da zu zwölft und werden zur Autobahn rausgefahren. Dort legen wir Drainage. Zehn Tage Arbeit. Vier Tage frei. Arbeiterundbauernstaat. Wir waren Siebzehn.

Juni 1979 Mahlsdorf. Ein heißer Freitag. Dieser Geruch, diese Temperatur. Die Glocken und Blumen, die Steine, Engel, Gräber und Gruften. Alte krumme Leutchen. Das ist jetzt zwischen sieben und sechzehn Uhr mein Reich. Nachdem ich mich im ersten Herbst, Winter und Frühling in allen Arbeitsbereichen bewährt habe, folgt der Auftrag, meine erste Gruft auszuheben. Für diese verantwortungsvolle schwere körperliche Arbeit bekommt man fünfzig Ostmark zusätzlich. Am darauffolgenden Dienstag soll die Beerdigung stattfinden. Der Sarg wird am Montag um die Mittagszeit gebracht und in der Friedhofskapelle gegenüber der Sakristei aufgebahrt. Im ersten unbeobachteten freien Moment geh ich hinein, schiebe den Deckel ein wenig beiseite und seh einen toten Mann. Der soll in die Gruft, für die ich den ganzen Freitag Nachmittag und noch den halben Montag Vormittag gebraucht habe. Immer wieder bin ich auf Wurzeln gestoßen, auf Steine, Schädel und Knochen. Irgendwann kann ich nicht mehr und hab auch das Gefühl, das Loch ist tief, lang und breit genug für einen Holzsarg. Was ich bis Dienstag Mittag nicht weiß: Bei der Beerdigung soll ich einer der vier Sargträger sein. Der eigentlich dafür vorgesehene Arbeiter ist volltrunken und bewegungsunfähig. Die anderen drei sind auch halbvoll mit Goldbrand und Kaffee, können aber noch einigermaßen laufen. Sie sind so mit das Derangierteste, was ich bis dahin erlebt habe. Alkohol, der Goldbrand. Ein Erzeugnis mit Weinbrand vom

VEB Bärensiegel Berlin spielt am frühen Morgen die gleiche Rolle wie die Tasse Kaffee schwarz ohne Zucker. Warum wohl? Ich muss heulen vor Angst. Laufe immer wieder hin und her, geh in eine der dunkel ruhigen Kirchenecken. Vergesse zu atmen. Und versuch mich, wie so oft vor solchen Herausforderungen, zu drücken. Geht aber nicht. Nicht hier. Ich muss jetzt aushelfen. Bekomme ein weißes Hemd und einen schwarzen Anzug und Schuhe. Herr Rötig, der Friedhofsvorsteher, hat einen Zylinder. Es sieht tragisch und beeindruckend aus, wie er dahinschreitet.

Wir laufen mit dem Sarg los. Vier Männer, vier Ecken. Es schwankt wie bei einer Seebestattung. Der Sarg ist sauschwer. Enge Wege. Angstvolle Schunkelei. Wir stellen den Sarg auf zwei Brettern über der Gruft ab. Pfarrer Bauer hält eine Totenrede und wir lassen den Sarg an vier Stricken hinunter. Ich schwitze. Möchte hier weg. Habe Angst, entweder den Strick loszulassen oder aber mit den geborgten schwarzen Lackschuhen vom Rand der Gruft abzurutschen. Langsam senkt sich der Holzkasten in die Tiefe. Etwa neunzig Zentimeter sind geschafft, da geht es nicht mehr weiter. Verzweifelte Blicke der Herren. Links ein Stück höher, rechts tiefer, nein andersherum, aber es geht nicht. Allerhöchstens hochkant. Pfarrer Bauer sieht mich höchst unerfreut an. Die Witwe verzweifelt. Ihr Mann will nicht weg. Und ich steh da und will mich sofort in die Rinde des Baumes hinter mir verwandeln. Die Beerdigung muss abgebrochen werden. Die Trauergesellschaft geht ihrer Wege. Einer der Beerdigungsprofiherren und ich müssen nochmal ran und die Gruft erweitern. Das endgültige Hinunterlassen findet dann in aller Einsamkeit ohne Witwe und ohne Pfarrer statt. Die hinterbliebene Dame und ich schließen wenig später Freundschaft. Ich pflege und gieße das Grab ihres Mannes besonders intensiv, und sie bringt mir ab und zu selbstgemachte Marmelade und ein Tütchen Mocca Fix Gold mit. Wir unterhalten uns über dies und das.

Ich habe Gruften ausgehoben, und bei der Beerdigung stand dann genau ein Mensch, um Abschied zu nehmen.

Hier Papa, für dich.

Oh Dankeschön, ein Bild… Aber Mia, Süße, da ist ja nix drauf…

Na doch! Da ist alles weiß, weil das das Sauerkraut ist in der ganzen Luft und das kann man ja nicht sehen. Aber es ist immer da, denn sonst könnten wir ja nicht atmen. Verstehst Du?

???Ahhhhhhhhh! Du meinst bestimmt Sauerstoff?

Neihein. Sau!Er!Kraut!

Berlin 1994. In den Tagen, als ich die Nachricht erhalte, dass mein Vater ins Krankenhaus gekommen ist, um am Herzen operiert zu werden, bin ich in Paris. Ich komme nach Berlin und fahr sofort nach Buch in die Herzklinik. Da liegt er, mein starker, lieber, immer lächelnder Papa. Auch im Krankenbett, kurz vor der OP, lächelt er sein freundlichstes Lächeln. Ich glaube, er versteht gar nicht, was da auf ihn wartet. Vielleicht doch aber ganz genau. Ich bin sein Manager, Übersetzer, sein hörender Sohn, der Gebärdensprache spricht. Ich versuchte, dem Chefarzt und den Schwestern etwas Wichtiges zu sagen. Es ist sinnlos. Gehörlose gehen in einem Krankenhauskonzernbetrieb unter wie ein Kieselstein im Atlantik. Ich erlebe dies nochmal, als meine Mutter Jahre später im Krankenhaus liegen wird und operiert werden soll. Diese Verlorenheit inmitten der Ärzte. Nichts verstehen, nichts sagen, auf beiden Seiten. Aber man ist doch der Patient und möchte doch gerne wissen und genau erfahren, was die mit einem vorhaben. Herz operiert nicht

schlimm normal Klappe neu kein Problem Schweinemate-
rial alles in Ordnung ahso: Lächeln immer Lächeln (auf beiden Seiten). Er stellte mich noch vor der OP dem Chefarzt
vor: Zon. Almune. LaLaLa.
Wenige Tage später hol ich nach einem Telefonanruf zwei
Aldiplastetüten mit den Klamotten des ehemaligen Patienten und größten Torhüters aller Zeiten Gottfried Weber aus
dem Herzzentrum Brandenburg Berlin-Buch ab.

Aychg. Diese kehligen Laute meiner Mutter. In dem Moment, als ich ihr erzählen muss, dass ihr Mann nicht mehr
wiederkommen wird. Papa weg.
Ich fühle mich verwundet, einsamblass und wie ein sehr
Dünner Kleiner Durchsichtiger. Wie es ihr wohl geht?
Schwer zu gebärden. Bin zugleich Beschützer meiner Mutter und Organisator aller Dinge, die auf einen zukommen,
wenn man verabschieden muss. Auf Wiedersehen. Papa.
Die Zukunft hat sich geändert.

Dünnkarg
Wie dieser moosigversteinerte StummBaum
Der den ich als Kind immer angesehen hatte
Er steht immer noch
Am See mit der Entengrütze
Die Welk
Wie ein altdunkler Teppich
Über einem Blindspiegel lag
StarrGelb

schienen wie Wellen die in LANGE Auge,
Requiem für Soli, Chor und Orchester

Am Ende entscheidet das Wetter, wie viele Menschen zu einer Beerdigung erscheinen. Und das Wetter hat nichts geändert. Es regnet und stürmt. Zur Beerdigung kommen siebzig oder achtzig Menschen. Die Kapelle ist übervoll. Familie Freunde Weggefährten Arbeitskollegen Sportkameraden. Wir stehen alle miteinander so verloren gelassen da. Grüppchen für Grüppchen. Hier einige Gehörlose und dort einige Hörende. Wieder so eine Zwangsgemeinschaft. Aus einer Gruppe löst sich jemand und kommt etwas unsicher auf mich zu. Mein Beileid. Hier, wir haben gesammelt. Für Ihre Mutter und für Sie. Er war n Großer. Bei allen Kollegen bekannt und beliebt. Schade schade.

Papa war der einzige Taube in einer riesigen Werkshalle der Reichsbahn voller Hörender. Reichsbahnausbesserungswerk Berlin-Schöneweide. Er fiel kaum auf. Außer wenn er samstags im Tor des BSG LOK Schöneweide in der Alte Herren Mannschaft stand. Mein Vater hatte gelernt, sich perfekt anzupassen, sich und den anderen zuliebe so zu tun, als gehöre er selbstverständlich dazu. Ersparte Ärger und Komplikationen.

Ein Gehörlosenpfarrer hält eine Trauerrede in Gebärden mit Lautsprache.

Damit alle verstehen.

Aychg.

September 1996 Spoleto, Umbrien. Luciano Berio hat meine zweite Kammeroper *Dokumentation I* preisgekrönt und bringt sie im Teatro Lyrico Sperimentale in einer ersten Inszenierung von Daniele Abbado zur Premiere. Gehörlose im Publikum. Drei Gehörlose auf der Bühne. Die Trümmertruppe: Christina Schönfeld. Ihr Mann Uwe (wie ich hörendes Kind gehörloser Eltern, der aber diese außergewöhnliche gehörlose Frau geheiratet hat und ganz in der

Kultur und in der Welt der Gehörlosen verwurzelt bleibt, vielleicht aus Kummer oder Trotz, vielleicht aus Kampfgeist und Fürsorge oder aus Angst, aber ganz sicher aus Liebe.) Christina, Gerlinde und Alexandra. Sie mischen die Probenarbeiten mit den deutschen, englischen, österreichischen und italienischen Solisten und Musikern auf. Wir sind in einem alten Kloster am Rande Spoletos untergebracht. In den Mittagspausen und am Abend werden wir in einem Familienrestaurant zu den Mahlzeiten geladen. Die Festivalleitung spendiert. Unsere drei gehörlosen Solistinnen verstehen sich mit allen Italienern blendend. Da ist einfach gar kein Unterschied zwischen Deutschen und Italienern und erst recht keiner zwischen Hörenden und Gehörlosen. Ich sitze einfach nur da und staune: Wie einfach alles sein kann. Ich erinnere mich daran, dass *Bella Ciao* mein Lieblingslied im Ferienlager war. An einem Abend sind alle Musiker zu Fuß auf dem Rückweg ins Kloster. In der Stille dieser umbrischen Nacht überholt uns eine kleine laute verbeulte Vespa. Vorne lenkt der Kellner, der uns immer bedient, hinten drauf sitzt strahlend und übermütig kichernd eine unserer Solistinnen. In meinem Zimmer kann ich dann durch das offene Fenster innerhalb der Klostermauern Laute hören. Frei. Unpeinlich. Wild. Sehnsüchtig. Stark. Zerbrechlich. Und zu zweit. Danach kehliges Gekicher. Ähnlich Paul und Paula. In Plenzdorfs Legende. In ihrer ersten gemeinsamen Nacht. Gegenüber vom Tierpark Friedrichsfelde. Da mischten sich die Löwen aus dem Alfred Brehm Haus ein. Such ich bis heute vergeblich zu komponieren.

1988. Hohenschönhausen. Plattenbau. Im Gang stinkt es nach Müllschlucker. Ich fahre mit dem Fahrstuhl in die ungefähre Mitte des Zwölfgeschossers. Mich empfängt eine strahlende freundliche Frau. Ich habe sie schon früher gesehen. Bei den Konzerten. Wenn er dirigiert. Es sieht immer merkwürdig und schön aus, wenn Friedrich Goldmann dirigiert. Egal, ob er Mozart Nono Boulez Lachenmann dirigiert. Oder seine eigene Musik. Ich habe keine Ahnung vom Dirigieren. Aber für mich ist es die perfekte Mischung aus Anmut, Präzision und Direktive. Ich fühle mich immer auf allen Ebenen inspiriert, so jemandem beim Arbeiten zuzusehen.

Das erste Mal sah ich nur die Hände. Aus gefühlten dreihundert Metern Entfernung hinter einem der Pfeiler der Berliner Staatsoper sitzend. Sie dirigierten *Moses und Aaron*. Inszenierung: Ruth Berghaus. Ich untertreibe, wenn ich meine, ich war ganz und gar überfordert und gefesselt zugleich von dieser Bildklangwelle. Faszinierend und unwirklich, diese beiden Hände. Wie Gebärden. Er dirigierte frei wie ein Vogel, und doch mit analytischer Genauigkeit, in diesem Universum von Farben Klängen Bewegungen Sprache. Bei einem Porträtkonzert *Goldmann und seine Schüler* konnte ich ihm nur deshalb nicht zusehen, weil es die Idee gab, einen weißen Vorhang zwischen Publikum und Interpreten zu ziehen. Nichts mehr sehen, aber trotzdem im selben Raum sitzen und die Musik hören. Wie irgendwann einmal schon beim *Pierrot lunaire*. Und dann gab er seiner Frau einen großen weißen Blumenstrauß. Nach dem Dirigat von *Mouvement (vor der Erstarrung)*. Mein erstes Mal Lachenmann, Ensemble Modern, live. Bin schockiert, dass es das gibt, was ich gerade gehört habe. *O Du lieber Augustin, alles ist hin. Hut ist weg, Stock ist weg, Augustin liegt im Dreck ...*

Heissahopsa Helmut Lachenmann. Das Konzept: Angebot durch Verweigerung hat bei mir sofort funktioniert. Eingeschlagen. *Kontrakadenz für großes Orchester* (1970–71), achtzehn Minuten. Habe es 1986 mit Schallplatte und Par-

titur gehört. So etwas Hinreißendes und Musikantischver-
spieltes kannte ich bisher, ungebildet wie ich war, nur aus
Zappajazz und Hendrixrock. Konnte hier auch nicht richtig
mitlesen beim ersten Mal, alles zu schnell für mich, filigran,
vernetzt und kristallklardreckig. Es klang wie ein Professor
auf Speed. Also ich meine so durchdacht und überdeutlich.
Klarheit und Härte. Sanftheit und Melancholie. Aber für
meine bis dahin eher kleinen Musikweltohren völlig abge-
dreht. Und doch eben genau dieser Sprachklang, der mich
wach machte. Feintuning für Blick und Ohr erfolgten in den
Papierwerkstätten der Meister, bei mir zu Hause in Heim-
arbeit. Da war soviel, was auf mich wartete, wie ein großes
aufgeschlagenes Buch. Ein Versprechen. Ich spürte, nur hier,
in den Blumengärten dieser Landschaften und Gebirge,
bekommst du alles, was du suchst.
Und mehr noch.

Blind sein trennt von den Dingen.
Taub sein von den Menschen.

Sie: Nehmen Sie doch Platz, Friedrich kommt gleich. Er
telefoniert noch.
Ich denke: Ach du Scheiße. Sieht genauso Kacke aus hier
wie überall da draußen.
Dass ich kein Haus am See erwarten durfte, wenn ich in der
Straßenbahn nach Hohenschönhausen sitze, ist mir schon
klar gewesen. Aber dies hier übertrifft und unterbietet zugleich alle meine Vorstellungen. Ich staune und mein Welt-
bild von großen Komponisten wackelt.
Die linke Lehne des Kunstledersessels wackelt und fällt ab.
Polternd. Auf den Boden. Kein Scheiß! In genau diesem Moment kommt Friedrich Goldmann herein. Lacht laut. Am
Ende dieser ersten Begegnung rät er mir zwingend, mich

auf jeden Fall mehr mit Scarlattisonaten zu befassen. Und die kleine schwarzweiße Goldmannkatze schlitzt mit ihren Krallen meine einzige Originalkopie des Streichquartetts. Ich lächle schief. Kopien im Osten, äh. Goldstaub. Na ja.

Janur 2009. Friedrich hört zum letzten Mal Musik von mir. *How Fragile We Are.* Konnte er, glaub ich, nicht besonders viel mit anfangen. Ich hatte Musik und Biografien der einzelnen Musikanten ineinander verwoben. Das Eine bedingt das Andere. Die Verbindung und zugleich Trennung zwischen Deutschen und Israelis. Der Großvater der einen Seite kommt in Konzentrationslagern um, während der andere in Russland durch den Schnee stiefelt. Jeder der Musiker erzählt seine und die Geschichte seiner Familie. Und währenddessen wird gemeinsam musiziert.
Mein charmanter Versuch einer Kammermusikvölkerverständigung. Einander. Versuch.

2009, einige Monate später. Er fehlt mir. Mehr als er wahrscheinlich ahnt. Dreizehn Jahre nach *4 Real* komponiere ich wieder ein Orgelstück. Diesmal mit EGitarre. Ich verwandle eine Unterhaltung zwischen Friedrich Goldmann und mir in Musik.

*Ich bin Derjenige, der von sich spricht; und von
sich selbst sprechen und dabei er sagen kann [...]
nach Art des Brechtschen Schauspielers, der seine
Person verfremden soll: ihn zeigen, aber nicht
verkörpern, und seinen Vortrag gleichsam hin-
wegschnippen und damit bewirken, daß das Pro-
nomen sich vom Nomen ablöst, das Bild von seiner Vorlage, das Imaginäre von seinem Spiegel.*

Roland Barthes

Es ist der NichtOrt.
Die absolute Stille.
KeinHör. KeinSprach.
Schlammig.
Im Grunde ist es das HelleDunkelGrauGrün.
Dort ist alles Andere.
Das Saugen. Das Loch. Das Rütteln. Die Angst.
Das Schweigen. Der Horror. Das Rennen. Der See.

7IEBEN *(aus: Der Spalt)*

15. Juli 1969. Meine Eltern fahren mit mir am frühen Vormittag mit der Regionalbahn nach Rangsdorf hinaus. Vor
uns liegt ein wunderschöner Sommertag mit gelber Sonne
auf blauem Himmel. Und einem großen dunklen See, eingerahmt in Schilf und Wald. Plattenbau mit Gästezimmer
mern und einer Bretterbude prall gefüllt mit Getränken,
Süßigkeiten, Würsten und Wespen.
Es stinkt. Ich habe zur Sicherheit meine dunkelrote Dreiecks-
zweierösenbadehose mit weißen Nähten bereits zu Hause
angezogen. Tauche sofort im Wasser unter. Später gibt es
Bockwurst mit Pelle und gebogenem Brot mit Senf auf einem ekligen Altpappteller, dessen Geruch ich nicht vergessen
kann: Kotze. Alte kalte Kotze.
Als die Sonne am heißesten knallt, beschließt mein Vater
ein Ruderboot zu mieten und mit mir zusammen auf den
See hinaus zu rudern. Die Sonne brutzelt direkt ins Ruderboot, in den Ecken nass und splittrig. Es ist windstill. Heiße

Sommerschwaden. Das Atmen fällt uns beiden schwer. Es ist menschenleer auf dem See. Um uns herum ist niemand. Ich bitte meinen Vater, an das Schilf heranzurudern. Damit ich in Ufernähe aus dem Boot ins Wasser springen kann. Am Schilfrand kann ich gerade noch auf dem Seeboden stehen. Ich hopse ein wenig hin und her, tauche den Kopf ganz unter Wasser. Kühle mich ab. Mein Vater zündet sich eine Zigarette an und liest Zeitung.

Plötzlich gerate ich in eine Art Senke. Spüre, wie sich scharfkantige Wasserpflanzenschlingarme um meine Fußgelenke wickeln. Meine Füße erreichen nicht mehr den Grund. Ich kann nicht wegschwimmen. Schlucke Wasser. Ich strample strample. Finde immer weniger Halt. Immer mehr Wasser gerät in meine Lungen. Es steht mir bis zur Nase und ich platsche nur noch mit meinen Ärmchen. Wie ein in Öl untergehender Vogel. Das Ruderboot, in dem mein Vater sitzt, befindet sich etwa fünf Meter von mir entfernt. Durch die leichte Strömung hat es sich ein wenig wegbewegt. Und zu allem Unglück sitzt mein Vater mit dem Rücken zu mir. Ich schlucke und kotze Wasser. Glucke und schreie verzweifelt. Patsche fuchtelnd mit meinen Armen. Meine Fußgelenke schmerzen höllisch und unheimlich. Mein Vater hört sein Kind nicht gegen das Ertrinken ankämpfen. In seiner weißen Sporthose bläst er graublaue Zigarettenwölkchen und genießt Zeitung lesend den Nachmittag.

Ein eher zufälliger Blick in meine Richtung rettet mich vor dem Ertrinken. Ein Satz. Zeitung und glimmende Zigarette fliegen in hohem Bogen durch die Luft. Das Ruderboot zischt in die entgegengesetzte Richtung. Papa hechtet ins Wasser und ist nach drei Kraulzügen an meiner Seite. Hebt mich hoch, stellt mich auf sicheren Bodengrund.

Und beruhigt mich.

Am nächsten Tag werde ich acht Jahre alt.

Niemand da Unmöglich gut sehen Spalt, niemand sieht.
Still, Leer, Schweigen, wie aus.
Was passiert: Tiefdunkel aber gut Sehen.
Ruhe, Totalschweigen.
Es war dort einfach und sehr langweilig, ja, viel Regen.
Zeitviel Ohren au Schmerzen.
Ohne Traum. Bitte steht blauengroße
Scheuerwassereimer lassen.
Wie früher, alte Zeit, alles Schatten und Trocken. Vielblau.
Gefühlatem nicht stimmt, wie Nein.
Überalles Welt sind schlimm. Hauptsach sehr schönkühl.
Schreckliche Fehler, wie erfahren
wenn Bekannte verstorben.
Ach, schäme mich habe selbst geschrieben.
Stillstumm. Falsch. Nun richtig Stummstill.
Es geht genug klar. Reissuppe und Joghurt.
Immer mehr und Körper kaltvoll Angst.
Unmöglich Ordnungsklar und Folgeinhalt Der Spalt.
Alle fürchten sich noch. Geht aber wieder noch besserkühl.
Normalklar Kreis mehr 360 Grad in Der Spalt.
Steht Uhrband ganzstill. Wasserschleim. Grünfarbeblau.

7IEBEN (aus: Der Spalt)

Erst war es nur ein Riss. Niemand sah ihn anfangs. Man
nimmt an, dass Risse dort entstehen, wo man nicht tief genug hineinlangt. Wo sich eine Art Leere wie eine Vakuum-
blase herausbildet. Weder gibt es eine naturwissenschaftlich
vernünftige noch theologische Erklärung dafür. Durch die
erst kleine Öffnung saugt der Riss alles auf, und es entsteht
ein anderer Ort.

Bitte freundlich: Helles Schwarzsauggrau.
Das Laut, außen immer lauter werden – aber nicht wahr –
als die Zwischenlücken der Laute auch
Laute wachsen und die
Wahrlaute aus wie Licht. Dass sehr Warmmüde.
O viel weint. Bitte gesund.
Wenn es passiert:
Viel Still und Schweigen auf ganzen Welt.
Lebhaftes Abendbrot.
Was alles machen. Ach staunte. Ja gute viel Ruhe lassen.
Antwort fehlt. Stillalles, kommt
Inhalttraum dasselbes Zeitleer.
Nichts passiert und keine Hilfe – vielleicht keine Zeit?
Wünscht schönen Abendruhe.
Seerutschsand.
Sieht gut wenn Riss auf Gefahrsschild, Achtung, Gefahr.
Nicht spielen!
Kleine Junge – Kind – Wasser gefallen.
Oh es sieht ganz aus Ausschruckgesicht aus.
Steht fest, klar ertrinkt, Arme hoch und Mund sieht Hilfe
schreit. bitte wichtig: Körper viel Ruhe braucht.
Schleimwassersee

7IEBEN (aus: Der Spalt)

Schwer vorstellbar, wenn man als Kind nicht mit, sondern
in diesem Riss aufwächst, der sich manchmal genau zwischen
der hörenden und der nichthörenden Welt auftut und
wie ein dunkler schlammgrauschwerer Bleisee vor einem
liegt und wartet. Und genau um diesen Riss geht es bei allem,
was ich tue und lasse. Ich glaube, er ist ein Symbol und
Zeichen für das, was Menschen trennt, von sich selbst und
von der Welt.

Unmöglich gut sehen mal schön einen Sonnenblumen.
Ach, dass schon zu Frühherbstwetter.
Viele Bienen kommen.
Und ganz Ordnung Stillstumm.
Ich glaube Der Spalt ist aus der Stille geworden.
Leermangel.
Alles gibt es ja, keine da im Der Spalt.
Unfreundliche, keine Spendeschatten.
Bitte große Stillruhe lassen.
Warum denkst du zuviel. Aber bitte wieder alles vorbei.
Ich fühle mich viel Stilleruhe und allein. Alles gut klar.
Ich bin sehr, sehr traurig.
Ich habe meinen Gehör verloren,
ich kann nicht hören mehr.
Hauptsache bin ich ganz gut munter,
Sprechen und so weiter.
Sehr schlimmes Weltangst hat.
Bestimmt genau Bescheid. Aber bitte schreibt Antwort.
Und das Büchlein andere Seite Fremdsprache.
Vielleicht Romsprache? Jetzt geht es sehr gut Spannung.
Aber beiden sehr Hartkämpfe.
Wie weißt Du ja, Kreisrund in Der Spalt, mehr 360 Grad.
Ja sehr sehr gefährlich, ist Doppelgefährlich.
Glattspiegeleis.

7IEBEN (aus: Der Spalt)

Mich beschäftigt die dünne Eisschicht, auf die wir uns alle miteinander wagen und uns fast wie selbstverständlich darauf bewegen. Jeden Tag. Ein ganzes Leben.
Wie Angst aber auch ein Motor mit ungeahnter Mutenergie sein kann, wie sich Ungläubigkeit und Frust, Kraftlosigkeit und Furcht verwandeln können in etwas unbeschreiblich Brennendes, Leuchtend, Glühendes und Lebendiges. Ich muss.

Sehen über schöne Seebrückemeer.
Kein Schnee aber sehr Kaltluft.
Früher alte Zeit schön viel über Blumen erzählt.
Wie Name, viel Wasser, aus woher und Licht.
Keine Schuld. Schwachgrünblaue Filterlichtfarbe.
In Der Spalt unendlich. Unmöglich suchen andere.
Wie Tunnelgraben je ein Mensch.
Unmöglich schaffen Springtreffen.
Muss alles klappt prima schaffen.
Hilfe kommt zu spät.
Steht Uhrband ganzstill.
Unmöglich, Der Spalt ohne Ende.
Auch unterhalten verlorenen furchtbar ich kenne nicht.
Wie Blitz ja alles da, aber ich kenne nicht so.
Nebeldünnrauch.

7IEBEN (aus: Der Spalt)

Wie lange werde ich geschrien haben, als Baby und Klein-
kind, in der Wiege, im Bettchen? Ohne dass mich meine
Eltern hörten, obwohl sie im Nebenzimmer saßen oder
direkt neben mir im Elternbett schliefen? Jeder Mensch hat,
wenn er die Augen schließt und an seine Kindheit denkt, Erinnerungen. Manche fallen einem zu. Und andere erkämpft
man sich auf der Suche.

Unmöglich, Der Spalt Keinende.
Zwischen den Menschen Riss ohne zusammen.
Ich bin traurig und auch leid. Schneenass.
Nicht oft Weinen Inhalt. Der Spalt. Alle tot,
alle froh Leben.
Bitte jetzt viel Ruhe aus.
Mal regnet es sehr schön. Viel Berge und viel Wald.
Ganz bin ich allein Ruhestill. Aber höre garnicht.

Wahrwelt muss lernen Zusammenleben mit Der Spalt.
Sonst kommt nie Sinn. Palmengarten reiches Essen.
Oh es wird schon noch heißer.
Schlimm gefallen, durch Die Ritz geschleudert, vergessen.
Viel nervös. Jetzt bald frisches Spinat.
Gutes Herbstwetter, als Hundehitze. Ja stimmt.
Viel hoch Kopf, darf nicht unten tief Boden den Kopf.
Ich hoffe sehr. Gutes Glück?
Frage: Was ist Todesursache? Oder was andere?
Schönes, großen Palmengarten.

7IEBEN (aus: Der Spalt)

Mein Vater hat mir immer vertraut. Auch als ich noch ganz
klein war. Es war, glaube ich, diese Art von Vertrauen, die
man hat als Fremder. Dieses Wirdschon. Einfach nach hinten fallen lassen. Man hat sowieso keine andere Chance.
So hat er mir vertraut.

Wie früher alte Zeit. Blauwalddorf.
Aber nicht wahr.
Lichtschicht versteckt, wie Körperkraft kalt.
Aber Achtung die Ozonwerte steigt,
und wird sehr Schwülwarm.
Möchte viel verschiedene Blumenschau bummeln.
Nicht genau wie Traum. Alles einfachda.
Und wir auch. Gefallen in Tunnel.
Wie Zeitaltschatten. Aber ich kenne nicht.
Fühlt nicht richtig jetzt weiß ich sonst was alles Bescheid.
Muss Stillsein und Traurig.
Und das Büchlein andere Seite Fremdsprache.
Volltrockenheitsturz

7IEBEN (aus: Der Spalt)

Das geistige Auge, mit dem ich komponiere, muss immer trainiert werden. Wie ein Muskel. Die Gebärdensprache ist dadurch, dass sie visuell funktioniert, gekoppelt an diesen Muskel.

Später Reise einpacken.
Ich denke, aber nicht wahr.
Angst und Sorgen. Fällt Gefährlichunmögliches
Tiefverloren.
Wünscht einen schönen Sonnabendsruhe.
Frühfrisch, Süßmüde.
Wie weißt Du ja, Kreisrund in Der Spalt, mehr 360 Grad.
Leermangel. Nicht Spielen!
Schleimwasserspaltssee.
Ganz ist hier sehr wunderbar schön. Ganz sehr Ruhe.
Reichlich Sonnenscheinfühlwarm.
Morgen entfernt Seemeerschwimmen.
Hartbuntwarm

7IEBEN (aus: Der Spalt)

Du bist, was du hörst.
Das Ohr als Tor zur Seele.

Ach, heute früh regnet zum erstenmal schön.
Jetzt an kühleren Tagen noch möglich und hier ganz.
Die frische Meeresluft.
Schleimwasserrissmeer.
Das Leben ist an jedem Tag andersbuntwarm.
Ach, es vergeht die Schnelle Zeit.
Helles Schwarzsauggrau

7IEBEN (aus: Der Spalt)

Ich muss jetzt irgendwann loslassen.

MISCHWESEN

Wenn dem Volk der Kragen platzt. Immer wieder. Bis die Lämmer zu Löwen werden. Nach den Jahren von Dumpfheit und Mief. Ja, wir haben in diesen letzten Wochen unsere Sprachlosigkeit überwunden und sind jetzt dabei, den aufrechten Gang zu erlernen.

Stefan Heym, *Rede auf dem Alex*

ICH WURDE am 16. Juli 1961 in Ostberlin, Bezirk Friedrichshain geboren. So und so viele Tage vor dem Mauerbau. Ich gehöre somit nicht zur Generation, die den Krieg
erlebt hat, und kann auch nicht weinen, wenn ich jetzt
keine Grenzen mehr sehe. Mein älterer Halbbruder wurde
zwölf Jahre früher als ich geboren. Alexander kam angeb-
lich gehörlos zur Welt. Was allerdings kaum jemand bemerkte. Ob es an seinen Genen lag oder ob er sein Gehör
kurz nach der Geburt verlor, das weiß ich nicht.
Wusste niemand.
Genauso wenig wie ich es bei meinen Eltern weiß. In der
Familiengeschichte wimmelt es von Ungenauigkeiten und
Legendenbildungen. Ist aber auch kein Wunder, denn im
Geburtsjahr meines Vaters 1915 war die Diagnose und Fürsorge während und nach der Schwangerschaft längst nicht
so fortgeschritten wie heute. Eigentlich kann ich nicht mit
Sicherheit sagen, warum meine Eltern und mein Bruder
taubstumm sind. Die Geschwister meiner Eltern konnten
jedenfalls hören. Bei meiner Mutter hieß es immer, sie wäre
als Neugeborenes vom Wickeltisch gefallen. Und dabei sind
möglicherweise ihre Trommelfelle geplatzt, was die ersten
Lebensjahre im Verborgenen blieb. Das mag auch mit den
Strategien zusammenhängen, die sie wie alle gehörlosen
Kinder und Erwachsenen entwickelte, um sich ihrer Umgebung anzupassen: Alles läuft übers Auge.
Gesichter schauen. Lippen lesen. Bei meinem Vater hieß es,
dass er als Säugling schwer an Scharlach erkrankt wäre.

Eine andere Variante ist, dass seine Mutter sich während der Schwangerschaft Röteln zuzog und er schon im Mutterleib nichts hörte. Die Stimmbänder meines Vaters, meiner Mutter und meines Bruders degenerierten, weil sie kein funktionierendes Kontrollorgan hatten, um dieses komplexe Kunstwerk Lautsprache in Gang setzen zu können. Nix hören nix sprechen.

Alexander der Große. Ein lachender selbstbewusster sprudelnder Zweimeterfünfkraftriese. Der immer hörende, wunderschöne strahlende Mädchen hatte. Ich bewunderte ihn und wollte unbedingt genau so sein wie er.
Ein tauber Riese. Ein König. Er war schön. Wundervolle, einnehmende Ausstrahlung.
Immer dieses glucksende, helle Lachen. Ein Sonnenkönig. Groß und stark. Tiefe heisere Stimme, die manchmal überschlug, in ihrer Rauheit nicht unähnlich der unseres Vaters. Wobei der sehr viel höher lautsprach. Anfang der achtziger Jahre gelang Alexander nach vielen gescheiterten Republikfluchtversuchen und Gefängnissaufenthalten die Übersiedlung nach Westberlin durch den sogenannten Gefangenenfreikauf. Er hatte nie Reisephobie wie ich. Hier ich nichts! Alles Scheiß nicht wahr frei. Er hatte Sehnsucht.

Haben Fische Träume? Sicher träumen sie von SchatzPerlenTruhen voll mit PiratenLöffelSegelbooten, auf denen FünfstückKugelfischKatzenKapitäne wachen. Wissen Sie, wie schön dieser Satz in Gebärdentraumsprache aussieht?

Ohne ich Stein Name.
Mein aber da innen Name.
Kommt von bin
Worte in Erde.
An Liebe Körper bis schmiegen Feuer
reden ohne da mit Quelle. Wort
mein oben Auge das unten Meer und ohne
immer ich Meer Meer. Wie Welle
Haus hoch ich
bin Stein, Sand gegen Sand ich Kraft
Schnee gegen auch bin ich Stein Gras.
Beweis so bin Stein und Beweis klar bis Quelle

How Fragile We Are

21. November 1974 Treptow Plänterwald. Eine Leiter
taucht ins Gebüsch. Drei Meter weiter erscheint sie wieder.
Sie richtet sich auf und lehnt sich langsam gegen eine
Mauer. Etwas schwebt die Leiter hinauf und bleibt einen
Moment lang wie ein nackter Mantel oben auf der Kante
hocken. Und stürzt dann fast wie ein Uhu ohne einen Laut
hinab. Es macht: mpfhhh. Unten fliegt ein Uhu bodendicht
von Mauer weg, geduckt wie ein taubblindes Nacktwie-
sel. Bis nahe Hühnerzaun. Der Mantel klettert an diesem
Maschendrahtzaun hoch, oben wartet eine Rolle Stachel-
draht. Selbstverständlich haben die Grenzer vorher geru-
fen. Was der Mantel nicht hören kann: Halt, stehn bleiben
oder wir schießen. Der Mantel klettert weiter. Höher. Plötzlich bekommt er ganz schnell hintereinander, wie im Zeit-
raffer, Löcher. Vier Stück. Er fällt nach hinten auf den Rücken. Es ist weißhell, Nebel. Links und rechts oberhalb des
Kragens bildet sich eine zweireihige Gischt. Wie zwei um-
gestürzte weiße Bergreihen. Der Mantel hängt kopfüber im
Polarmeer, und die zwei Bergreihen kommen immer näher,

bewegen sich auf und ab. MonsterBergZähne. Der Mantel riecht Hundeatem. Zwei Grenzsoldaten und zwei Grenzhunde bellen auf ihn ein.

Alexander kam zum zweiten Mal wegen versuchter Republikflucht für soundsoviele Jahre ins Gefängnis Berlin Rummelsburg. Hier war er einer unter vielen hinter Gittern. Aber der einzige Taube.

Immer wenn ich mit der Sbahn die Strecke Leninallee und Schöneweide fuhr, kam ich dieser Narbe mitten in der Stadt sehr nah. Eine Stadtwunde. Ich konnte jedes Mal neu sehen, wie meinem Bruder in einer ganz bestimmten Sekunde eines Abends des Jahres 1974 oben an einem ganz bestimmten Quadrat des Maschendrahtzauns hängend in seinen Rücken geschossen wurde. In den Rücken geschossen. Ein Soldat der Armee des Volkes schießt einem Bürgerbruder seines Volkes in den Rücken.

Halt, stehn bleiben oder wir schießen.

The Night at the opera.
Tragikomik der hörenden und der gehörlosen Welt.
Wie im richtigen Leben.

Stur schlafweg allein zweitpolizeiVERWAHRRAUM müdemürbenichtsliegen im kreis jeden vierten tag warmes essen duschraumhände an decke bindfaden heißwassergummiknüppel halbestundeblutlichtschacht kübelmatratze haftkrankenhaus eimerwasserbrot mal warme suppedunkelallein dunkel urin.

Und dann kam er wieder in mein Zimmer. Wir aßen zusammen diese Milchsuppe mit Traubenzucker oben drauf.
Von der wusste ich, dass ich so werde wie er.
Dann irgendwann war er weg. Für immer.

Dieselmotor. Ende der siebziger Jahre. Süden. Innerdeutsche Grenze. Meiningen – Eußenhausen. Alexander sitzt im Führerhaus eines W50 Lkw. Mittlerweile sein dritter Republikfluchtversuch. Hier zwischen Thüringen und Bayern geht alles sehr schnell. Vollgas. Aufgerissene Münder. Riesige Augen. Blitze aus den Gewehrmündungen. Er schwitzt kehlige Laute aus seinem Hals. Hält das Lenkrad fest. Plötzlich reißt der Lkw nach links. Gegensteuern zwecklos. Mit voller Wucht gegen einen Betonpfeiler. Unterleib eingequetscht. Gesicht an der Innenscheibe.

Dass mein Bruder nicht in einem dieser verplombten Särge landete und die Familie sich unter Strafandrohung verabschieden musste, ohne ihn vor der Beerdigung gesehen zu haben, war vielleicht reines Glück oder Zufall oder schlechtes Schießen. Teenager wurden angeschossen und liegengelassen. Jugendliche wurden im Wasser des Teltowkanals getroffen und ertranken. In die Tunnelbauten wurden einfach Handgranaten geworfen. Es war schon wieder Krieg. Ulbricht stand vor einem Problem. Die Welt schaute auf diese Grenze. Und er wollte trotzdem mit allen Mitteln die Grenzposten ideologisch und psychologisch beeinflussen, skrupellos zu sein:

Grenzverletzer entweder festnehmen oder vernichten.

Je ausgeklügelter die Grenzsicherungen wurden, desto abenteuerlicher wurden auch die Fluchtideen. Deshalb gingen die Gelenke der Scheinwerfer auf den Wachtürmen ab einem bestimmten Zeitpunkt nicht mehr nur in Richtung Grenzanlagen, nach unten oder seitlich, sondern auch nach oben. Teilen hört sich nach etwas Wunderschönem an. Gemeinsames. Brüderliches und Schwesterliches. Die Wahrheit ist: Dieses Teilen einer Stadt war das Zerteilen von Menschen. Mittelalter. Vierteilen. Wurde bis Anfang des neunzehnten Jahrhunderts praktiziert.

Ihr lebt im ersten Arbeiterundbauernstaat haben sie gesagt. Zu uns. (Wie kann man mit einer Banane die Himmelsrichtung bestimmen? Man legt sie auf die Mauer: Die Seite, an der abgebissen wird, ist Osten.) Ein Volk, das zur Sprachlosigkeit gezwungen wurde, fängt an, gewalttätig zu werden. Sprachlosigkeit?

a d7 G7 C E7
Du, laß dich nicht verhärten/In dieser harten Zeit
a d7 G7
Die all zu hart sind, brechen,/Die all zu spitz sind, stechen
C E a d7 E7 F a E7 a E7
und brechen ab sogleich, und brechen ab sogleich

Du, laß dich nicht verbittern/In dieser bitteren Zeit
Die Herrschenden erzittern/– sitzt du erst hinter Gittern –
Doch nicht vor deinem Leid, doch nicht vor deinem Leid

Du, laß dich nicht erschrecken/In dieser Schreckenszeit
Das wolln sie doch bezwecken
Daß wir die Waffen strecken
Schon vor dem großen Streit, schon vor dem großen Streit

Du, laß dich nicht verbrauchen/Gebrauche deine Zeit
Du kannst nicht untertauchen,
Du brauchst uns, und wir brauchen
Grad deine Heiterkeit, grad deine Heiterkeit.

Wir woll'n es nicht verschweigen/In dieser Schweigezeit
Das Grün bricht aus den Zweigen
Wir woll'n das allen zeigen,
Dann wissen sie Bescheid, dann wissen sie Bescheid.

Wolf Biermann, *Ermutigung*

1979 Wehrkreiskommando Prenzlauerberg. Vor mir sitzen drei Herren. Pädagogisch freundlich. Bisschen onkelhaft. Bisschen väterlich.

Und berufsbedingt ein bisschen grimmig: Militär.

Ich: Möchte gern bitte wenn möglich zu den Bausoldaten.

Er: Ja. Junger Freund, das ist wunderbar, dass Sie sich zu den Bautruppen melden möchten. Hier können Sie aufgrund Ihrer Berufsausbildung mithelfen, wesentliche Gebäudebestandteile aller Art für unsere nationale Volksarmee zu errichten beziehungsweise diese instand zu halten.

Ich: Äh. Oh nein. Tschuldigung. Es handelt sich um ein Missverständnis. Ich möchte mich hier zum Dienst ohne Waffe melden.

Er: Stille. Enttäuschung, Entsetzen, Verbitterung, Ärger. Heute würde ich sagen: Minitär.

Dann: Ah ha! Sie sind also nicht bereit, wie alle jungen Achtzehnjährigen den Ehrendienst in der Nationalen Volksarmee zu absolvieren? Sie sind doch gelernter Baufacharbeiter? Aus welchem Grund lehnen Sie es ab, den regulären Dienst bei den Truppen anzutreten? Sie sind doch kein Zeuge Jehovas? Oder sowas? Mit Ihren Fähigkeiten könnten Sie unserem Volk und Ihrem Staat dienen. Auch mal etwas leisten. Zurückgeben.

Ich: Ja. Mh. Ich lehne es ab, auf Menschen zu schießen. Mh. Ja also so …

Er: Junger Mann. Aber, sehen Sie mal, wenn nun Verbrecher Ihre Schwester bedrohen würden. Würden Sie dann nicht auch zu allen Mitteln greifen, um Ihre Schwester zu schützen?

Ich: Jaa, aber ich habe keine Schwester.

Er: Sie sind doch Baufacharbeiter! Kennen Sie Wolf Biermann?

Ich: Mhmh.

Er: Wolf Biermann hat alle Bauarbeiter der Deutschen Demokratischen Republik als Diebe bezeichnet. Wie stehen Sie dazu?

Ich: Ich möchte nicht mit der Waffe in der Hand in einer Armee Dienst tun.

Er: ...

Ich: Nein möcht ich einfach nicht.

Er: So, aha. Also, wir verabschieden Sie jetzt hier. Aber, junger Freund, Sie können sicher sein, in zwei Jahren sind Sie mit Helm.

Das riechen die. Wenn du dich nicht wehren kannst. Und dann bist du Freiwild. Dann bin ich schon wieder in der Hölle, und da war ich schon mal.

Ich habe zwischen 1979 und 1988 in Dreijahresabständen den Ehrendienst in der Nationalen Volksarmee totalverweigert. Die Folgen waren Drohungen, Einschüchterungen und Reiseverbot in die Tschechoslowakei und nach Polen. Dabei war Polen ein Sonderfall, weil es mit dem Kriegsrecht 1980 durch Jaruselski für solche Typen wie mich eh tabu war. Ohne die Hilfe von Professor André Asriel oder dem Direktor der Schule für Schauspielkunst Ernst Busch, Minetti, wäre ich Mitte der achtziger Jahre wahrscheinlich dort gelandet, wo der wirklich gute Senf herkommt. Bautzen. Aber eine noch viel größere, dafür aber auch viel zwiespältigere Hilfe war Rechtsanwalt Wolfgang Schnur. Er setzte sich in Berlin und DDRweit für alle Arten von Bausoldaten und Totalverweigerer ein. Vermittelte zwischen kirchlichen und staatlichen Stellen. Nach der Wende, als er im laufenden Wahlkampf neben Kohl auf der Tribüne stehend den Satz in die Massen rief: Hier steht Ihr neuer Ministerpräsident! 1989 hatte der Kirchenanwalt in Ostberlin die Partei Demokratischer Aufbruch gegründet und wollte neuer DDRstaatschef werden. Zwei Tage vor der Volkskammerwahl am 18. März 1990 flog er als Stasispitzel IM Torsten auf. Später besaß Schnur eine Baufirma in Aschersleben und hatte auch mal intensiven Kontakt mit der Staatsanwaltschaft.

Ich als junger Verweigerer hatte Schutz gesucht, Halt und Hilfe, bei einem Anwalt, der mit beiden Seiten dealte. Der sein Spiel mit dem Feuer spielte und dabei politisch moralisch verbrannte. Und ich muss sagen, ohne Schnur, seine Kontakte und diese selbstgeschaffene Schlüsselposition, die er in diesem Zwischenraum einnahm, wäre ich höchstwahrscheinlich in den staatlichen Organen verdaut worden.

Schnur hat mich beraten und hat mir geholfen. Sagen Sie einfach: Hier stehe ich und kann nicht anders. Echt. Lutherzitat vor dem Militärstaatsanwalt. Er gab mir und meiner Freundin Sabine den Tipp zu heiraten. Weil Besuche im Gelben Elend (so nannte man wegen der Fassadenfarbe Bautzen I) in der Senfstadt nur Familienmitgliedern Ersten Grades gestattet waren. In Bautzen I und vor allem in II waren die Politischen untergebracht. Zwischen 1933 und 45 die Leute der KPD und SPD. 1943/44 auch Ernst Thälmann. 1945 bis 50 wurden von der Sowjetischen Militäradministration im Speziallager Nummer Vier die Nationalsozialisten inhaftiert. 1959 bis 1989 unterstand Bautzen I dem DDR Innenministerium. Bautzen II unterstand faktisch der Stasi. Stasiknast. Häftlinge waren zum Beispiel Rudolf Bahro Walter Janka Hans-Ulrich Klose Erich Loest Eduard »Ede« Zimmermann Walter Kempowski.

1988 Sbahnhof Biesdorf. Sabine und ich steigen aus. Wir haben uns gestritten. Der Grund ist unsere bevorstehende Heirat. Wir lieben uns, aber der Grund der Heirat zu die-

sem Zeitpunkt ist Schnur und Bautzen. Wir lassen uns zu Sondierungsgesprächen auf der Bahnsteigbank nieder und schaffen erst den übernächsten Zug. Das Standesamt Marzahn hatte den kurzfristigsten Termin zu bieten. Wir kommen zu spät. Die Standesbeamtin ist bereits beim Staubsaugen. Hellersorf. Hochparterre links. Platte. Zehngeschosser. Na gut, kommen Se rein. Was denn, ohne Ringe?
Keine Verwandtschaft? Keine Gäste?
Nein – Ja – Ja
Aus Helmut Weber wurde Helmut Oehring.

Am Dienstag wurde der seit seiner Geburt taube S. in die Freiheit entlassen. Er freute sich auf einen Spaziergang, der nicht mehr im Kreis herum führte. Das erste Mal nach siebzehn Jahren nurgeradeauslaufen. Daher kommt die Redewendung: auf freiem Fuß sein. Er konnte kaum erwarten, im Anschluss an den Fußmarsch in einem Restaurant eine halbe gebratene Ente mit Rotkohl zu bestellen.
1991 wurde er wegen eines angeblichen Kaufhausdiebstahls festgenommen. Im Verlauf des Verhörs brachten die ermittelnden Beamten die Vergewaltigung eines fünfjährigen Mädchens ins Spiel. Der Taube wurde anderthalb Tage ohne einen Übersetzer für Gebärdensprache vernommen. Am Ende dieser Verhöre, am Ende dieser in jeweils drei Stunden gegliederten Verhöre, die auf drei verschiedene Beamte aufgeteilt waren, waren die Missverständnisse und parallel dazu seine Angst derartig angewachsen, dass er am Ende ein erfundenes Geständnis abgelegt hat. Der tatsächliche Täter wurde erst nach diesen siebzehn Jahren durch einen DNAabgleich ermittelt.
S. konnte es kaum erwarten, zu der halben gebratenen Ente mit Rotkohl und einem Kloß ein großes frischgezapftes Bier zu trinken. Nach diesem Bier würde er einen starken Kaf-

fee bestellen und im Anschluss daran dorthin gehen, wo ihn keiner kannte.

In seinen besten Zeiten kippte Alexander einfach ein Polizeiauto um. Wie Superman. Mein Bruder. Er saß oft im Knast. War irgendwann voll und über und über mit Tattoos. Nackte Mädels Drachen Namen Schwerter Herzen Feuerflammen.

Mit Vierzig starb er bei einem Verkehrsunfall in Westberlin. Auto übersieht rote Ampel, tauber Riese hört keinen Motor. Er war in seinem für mich bis heute unfassbaren königlichen Mut und dieser unglaublichen Ignoranz gegenüber der hörenden Welt unserem Vater und meiner Mutter immer sehr ähnlich.

Alexander hatte eine Jeansjacke von Levi's. Woher auch immer. Geklaut oder eingetauscht. Auf dem linken Schulterblatt stand PINK und auf dem rechten FLOYD. *Hey you, out there in the cold, getting lonely, getting old, can you hear me?*
Die perfekte Methode dazuzugehören. Zu den Hörenden. Zumindest so zu tun, als wäre man einer von denen. So kommt man schneller zum Ziel. Später, als er mich verließ, erbte ich diese Jacke. So gehörte ich nun auch zu denen, obwohl ich per Ohr sowieso einer von ihnen war. Sie war mir gefühlte neun Nummern zu groß. Damit es nicht zu sehr auffiel, trug ich zwei dicke Pullover drunter. Ich fühlte mich wie in einer Rüstung: breit, tief, groß und schwer. Niemand konnte mir etwas anhaben. Ich wollte jetzt sofort Bullentaxis umwerfen. Es gab nicht viele Jungs an meiner Schule, egal welche Klasse, die so ne echte Levi's hatten.
Ich sah gut aus. Sehr gut.
Auf Wiedersehen. Alexander.

Walter Ulbricht sagte: Beatmusik ist primitiv, Beatmusiker kennen weder Scham noch Würde.

Der Osten war oft schrecklich, grauenhaft, öde und teilweise auch lieb, ein bisschen klug rührend doof – abgesehen von einer Regierung, die die Idee hatte, ihr eigenes Volk einzumauern. Ich wurde im Monat vor dem Mauerbau geboren, und musste noch gute zehn Jahre warten, bis zum Beispiel orangenartige Südfrüchte in den Ostteil Berlins zu mir nach Hause kamen. Als Saftorangen waren sie prima, aber als Speiseorangen völlig unbrauchbar. Über die Kubaorange wurde offiziell geschwiegen. Die Schale war immer mit dem Fruchtfleisch fest verwachsen. Unschälbar. Das Volk will lieber die spanischen. Dafür wurde eine Insel Kubas auf den Namen *Ernst Thälmann Insel* getauft. Als Fidel Castro im Gegenzug in Berlin vor den Kampftruppen des Chemiekombinates Leuna stand, sah er sich revolutionären Guerillakämpfern gegenüber. Fühlte sich fast wie zu Hause und schloss freundschaftliche Bande mit den Berliner Betonköppen. Von diesem Moment an kamen nicht mehr nur die unschälbaren Südfrüchte aus Kuba, sondern es flogen Flugzeuge mit DDRbürgern nach Kuba. Der karibische Sozialismus war immer auch mit Party verbunden.

Kubabegeisterung in der DDR. Wer erinnert sich nicht an Horst Drinda und Günther Schubert in der TVserie: *Zur See.*

Zumindest via Fernsehgerät konnte jeder Ostler in die Karibik reisen. Viertausend Ostmark hatten nicht alle Werktätigen in der Haushaltskasse. Auch die Interflug und das Ministerium für Staatssicherheit hatten Kummer. Bei jeder dieser Reisen wuchs die Zahl der Verluste an DDRbürgern. Ein Nonstopflug war mit den Interflug Maschinen II-62 kaum möglich. Die Zwischenlandung zum nötigen Tanken wurde von einigen Reisenden als Angebot verstanden.

Man entschied sich immer mal wieder gegen einen Weiter-
flug nach Kuba und blieb stattdessen lieber in Gander/Neu-
fundland. Es wurde strenger gesiebt und Anfang der siebziger Jahre begleiteten bewaffnete Offiziere der Abteilung
Arbeitsgruppe des Ministers (AGM) S als Demotivations-
hilfe die Flüge.

Ich glaube, egal ob Ost West Nord Süd. Egal auch ob Kapitalismus Sozialismus Kommunismus: Immer noch entscheiden Menschen über andere Menschen, die politisch,
wirtschaftlich und vor allem kulturell ungebildet sind. Diejenigen, die finanziell stark sind, sind überwiegend sozial
schwach.
Und umgekehrt gehts manchmal auch auf.
Kinder von HartzIV-Empfängern erhalten ab sofort zehn
Euro mehr im Monat für Klamotten, Musikschule, Sport
und warmes Essen.
Auch aus Steinen, die einem in den Weg gelegt werden,
kann man etwas Schönes bauen. Sagt von der Leyen.

In der Politik wird Gebildetsein zur Cleverness oder auch
einfach nur zur peinlichen Dämlichkeit. Ich als der Bürgermeister habe entschieden: das Polizeiorchester bleibt. Punkt.
Das ist ja auch ein Beitrag zur Kultur. Und kostet schlappe
eineinhalb Millionen Euro. Zeitgleich wird aber versehentlich mit Absicht die Zukunft des Hamburger Schauspiel-
hauses und vor allem die Jugendarbeit dort aufs Spiel gesetzt. Dass der ehemalige Erste Bürgermeister als ehemaliger
Innensenator die musikalischen Qualitäten des Polizeior-
chesters derart zu schätzen und zu honorieren weiß, lässt
die Wahrscheinlichkeit eines breitgefächerten kulturellen
Horizonts sinken. (Immerhin aber gab es 1961 einen Sena-
tor der Polizeibehörde Hamburg und späteren fünften Bun-

deskanzler der BRD, der sich mit Bachmusiken an Orgel und Klavier auskannte und ein nennenswertes literarisches Werk geschaffen hat. Geht und gibts also doch.) Apropos Horizont, es wird eine Suite im Hotel Atlantic frei: Selbst Udo Lindenberg, einer der letzten populären Künstler, der in Hamburg wohnt, packt seine Koffer und zieht nach Berlin. Dieser Stadt bleibt gar nichts anderes übrig, das nicht vorhandene Geld in jede Form von Kultur zu werfen. Berlin, deutsche Tragödie und Kultur, sonst nichts. Man lebt von einem Image und einer Mixtur aus Museum der Moderne, Bohèmekita und WeltWG. Blöd nur, dass der wirklich charmante Bürgermeister und Kultursenator der Hauptstadt eher nur einen Schimmer von Rock, Jazz oder Oper hat. Aber immer noch besser als ein ehemaliger Bundeskanzler, der sich als größter Fan einer pfeifenden Hannoveraner Weltband geoutet hat. Zumindest sieht man ja die Kanzlerin regelmäßig in Bayreuth. Ob ihr jemand sagt, dass der Typ schon länger nichts Neues mehr geschrieben hat? Weiß sie davon, dass es neue komponierte Opern mit aktuellen Stoffen in unserer heutigen Sprache auf den Bühnen ihres Landes gibt? Na egal. Willkommen im einundzwanzigsten Jahrhundert. Wenn diese Strauchdiebe hören, dass AIDA in der Deutschen Oper gespielt wird, fragen die sich, wie man das Schiff da rein bekommen hat. Oder wenn eine Abordnung in der Semperoper Aufführungen besucht, schauen sie nach den Räumen, in denen das Radeberger gebraut wird. Klassik ohne Grenzen.

Wegelagerer an der Spitze. Kosmoproleten.

Allgemeiner gesprochen: Dass sich ein Lied wie *Patrona bavariae* weltweit siebzehn Millionen Mal verkauft, ist ja auch für irgendwas ein Zeichen. Unterhaltung ist Menschenrecht. Ein Prosit der Gemütlichkeit. Aber, wenn der Topf nun einmal ein Loch hat – egal. Kein Sex keine Affären kein Kindersterben keine Nazis kein Öl im Ozean kein Artensterben kein Giftmüll keine explodierenden Atomkraftwerke keine Wasserknappheit keine Taliban. Idylle. Siebenhunderttausend verkaufte Exemplare vom Gartenundgemüseblatt *Landlust*. Seitenlang Petersilienthemen. Gurkenphilosophie.

Demokratie lebt ja von falschen Ansichten.
Oder auch von starken Meinungen gepaart mit keine Ahnung.
Brillenfeuchtputztücher gratis, für klare Verhältnisse. Das Büfett ist eröffnet. Keiner, der nur halbwegs klar im Kopf ist, wartet heutzutage noch darauf, dass die Wahllokale schließen. Ja! Das sieht nach einem Gewinn aus. Sag ich doch. Da können se noch für fünf Euro bei Kik einkaufen gehen. Das ist doch was. Zum Beispiel eine Ortsgruppe der SPD, Nordosten der Republik, im Hauptausschuss sitzen noch etwa drei Leute. Die rechten Kameradschaften mit ihren Gratisblättern leben von diesem Sterben der Etablierten, sie veranstalten Kinderfeste. Wahlkampf mit Bodennähe: Viel Spaß auf dieser Fahrt und herzlich willkommen. Soljanka oder Gulaschsuppe und n Brötchen dazu. Und n Freigetränk. So wurde und wird wahlgekämpft und zwar nicht nur in den Seniorenresidenzen und auf Dampferfahrten mit achtzig Plätzen Innenkapazität.
Tirilititi. Sei still und hör gut zu. Sonst fliegste raus.
Die Wahrheit ist das Kostbarste, was wir besitzen, gehen wir sparsam damit um.
Aufbruchzeit war von Anfang an Abbruchzeit. Objekt zu verkaufen. Goldgräberstimmung vorüber. Bluesmesse nach der Wende: Meene Rente beträgt sechshundert Euro. Meene Frau Hartz IV beträgt vierhundert Euro. Ick habe vollkommen aufjejeben. Schaun se mal: It jibt hier vier Kreuze. Inner Mitte der Kreuze steht n Haus und in der Mitte der

Kreuze da bin ick und allet andre drumrum interessiert ma nich mehr. Punkt. Ick bin sowat von enttäuscht.
Die Hoffnung starb zuletzt. Sie haben sich abgewendet von den Bürgern, so wie die Bürger sich von ihnen abgewendet haben. Die Elite hat beschissen und verkackeiert.

Vielen Dank, leider habe ich gestern
nachmittag sehr Kopfschmerzen,
wegen kein gutes Wetter,
jetzt fühle mich sehr wohl gut
und ja, es regnet wieder viel,
ach immer wird viel Regen,
es ist garnicht schön, ach Siebenschläfer,
was alles machen,
bitte ja was alles lassen und viel Nervenruhe,
viele Menschen müssen langsam laufen.

POLAROIDS. Melodram

21. November 1989 Gent. Festival *november music.* Belgium/Netherlands. Christina Schönfeld erzählt im Fingeralphabet eine unglaublich rasante schnelle Abfolge von Buchstaben. Mit diesen Fingern genannten Gebärden kann jedes Wort in der Zeichensprache dargestellt werden. Zur selben Zeit spielen drei Trompeten und ein Keyboard unisono eine sehr dichte schnelle Folge von Tönen. Fingeralphabetbuchstaben und Trompetentriokeyboardtöne verschmelzen zu einem Tanz. *Mischwesen.* Eine gemeinsame Komposition von Iris ter Schiphorst und mir. Ein Kammerspiel größtmöglicher Verdichtung von Poesie, Philosophie und Bordsteinkantendreck.

CRUISEN

Mein Zimmer ist weiß getüncht,
so weiß wie ein Polizeirevier auf dem Lande
und ebenso still,
weißer als Hühnerknochen,
die im Mondlicht bleichen,
bloßer Abfall
und ebenso still.
Hinter mir steht eine weiße Plastik
und weiße Pflanzen,
die wie obszöne Jungfrauen wachsen,
ihre biegsamen Zungen herausstrecken,
aber nicht sprechen.

Dunkel ist allein mein Haar.
Es ist in dem weißen Feuer verbrannt,
ist kohlschwarz.
Meine Perlen sind auch schwarz,
zwanzig Augen, herausgewürgt
aus dem Vulkan,
ganz deformiert.

Ich fülle den Raum
mit den Wörtern aus meinem Stift.
Wie eine Fehlgeburt sickern Wörter heraus.
Ich schleudre Wörter in die Luft,
und sie kommen zurück wie Squashbälle.
Und doch ist Stille.

Immerzu Stille.
Wie ein riesiger Säuglingsmund.

Die Stille ist der Tod.
Sie kommt jeden Tag als ein Schock,
setzt sich, weißer Vogel, auf meine Schulter,
pickt an den schwarzen Augen
und dem vibrierenden roten Muskel
meines Munds.

Anne Sexton, *Die Stille,*
vertont in *MISCHWESEN*

NACH DER Schule oder wenn ich einfach monatelang schwänzte, warf ich aus Langeweile Zwölferpackungen Eier, Wasserundmilchbeutel, rohe Kartoffeln und Äpfel auf Fußgänger und Autodächer.

Ein glücklicher Umstand, dass ich nicht zum ersten Amokläufer Ost geworden bin. Denn in der siebten Klasse schenkten mir meine Eltern nach intensiveffektivem Quengeln ein Luftgewehr. Was folgte:

Drama mit rein zufällig glücklichem Ende.

Aber erstmal schoss ich mit dem Luftgewehr auf alles, was sich draußen bewegte: Straßenbahnen Autos Menschen Spatzen Tauben Hunde.

Es geht auch um Genauigkeit.

Ich erfreute mich daran, vorerst noch unentdeckt anderen einen Schrecken einzujagen. Und auch Tod zu bringen. Ein Kopfoderbrustschuss auf eine Taube aus zwanzig Metern Entfernung führt zu einer großen Schweinerei. Der Vogel fällt unkoordiniert in den Hof oder auf die Straße. Flattert in Todesangst in den Hauseingang oder unter ein Auto. Überall Blut und Federn. Es war nur eine Frage der Zeit, bis die Nachbarn bemerkten, wer da rumballerte.

Mit der Zeit wurde ich ein sehr guter Schütze. Ich konnte die Nervosität und das Adrenalin kontrollieren. Ein Vierkommavierachtmillimeterdiabologeschoss traf die große Ringeltaube mitten ins Hirn. Sie lebte noch eine Weile. Ich nahm Messer und Gabel aus Mamas Besteckkasten und sezierte die Bleikugel aus dem Taubenkopf.

Pchkchick. Pchkchick pchkchick pchkchick pchkchick.

~~AnFang~~
~~Zustand, eines SUCHENS. Nach ORT, OPFER~~
~~und ERLÖSUNG...~~
~~Als CRUISER bezeichnet man Menschen, die aufgrund~~
~~einer angenommenen oder tatsächlichen Persönlichkeits-~~
~~störung, scheinbar ziellos und getrieben herumirren,~~
~~auf der Suche nach einer »Begegnung«...~~
~~Cruisen ist Zustand eines SUCHENS.~~
~~Er ist ein Friedhofsherz~~
~~Lebt im Käfig der Rippen im trockenen~~
~~Laub von SeeBrustHerzen.~~

Gebärdeter Text aus: *~~ER.eine She (aus: 5ÜNF/Haare-Opfer)~~*

Langenbeckstraße Eins. Einer dieser öden Tage, die nicht vorangehen. Wie festgebunden bleiben die Zeiger. Immer auf derselben Stelle. Die Langeweile und das Nichtstun. Verbunden mit der Verzweiflung und der Angst vor dem nächsten Tag. Bringen mich dazu, vom Balkon im vierten Stock auf die Bewegtheit da unten zu schießen. Manche kapieren es gar nicht. Die sind langweilig. Manche hopsen im Zickzack auf und davon. Einige verstecken sich sogar hinter den Bäumen. Die sind die Interessantesten. Regenschirme klingen auch gut. Als für den Moment keine Fußopfer mehr da sind, wende ich mich dem Straßenverkehr rechts vom Balkon zu.

Pchkchick. Pchkchick pchkchick pchkchick pchkchick.
Straßenbahnen. Busse. Autos.

Ich seh die Frau nicht, die auf der linken Seite steht und mich längere Zeit beobachtet. Das Polizeiauto hält bei ihr. Und sie zeigt auf mich. Das seh ich dann schon. Kacke. Die setzen sich in meine Richtung fahrend in Bewegung. Ich warte nicht mehr länger. Hochkonzentriert verschließ ich so schnell es geht das Gewehr im Schlafzimmerschrank meiner Eltern. Fünfzig Zentimeter von der Wand wegrücken mit Schraubenzieher eine Rückwand abschrauben Sperrholzplatte beiseite drücken Gewehr rein wieder verschrauben fünfzig Zentimeter Schrank an die Wand rücken. Wohnungstür auf. Ich höre die Polizisten von unten kommen. Ziehe leise die Tür zu. Gehe nach oben. Dachboden Stahltür auf Leiter hoch Dachluke bei Seite raus aufs Dach Dachluke zu. Wie ein Profi. Abends oder vormittags bin ich oft allein auf den Dächern. Langenbeck Ecke Dimitroff. Die Häuser sind hier so nah aneinander gebaut, dass man von einem aufs andere Dach spazieren kann. Hin und wieder gibt es Vorsprünge Ecken Zwischenmauern Leitern Schornsteine Unebenheiten, so dass man auch abstürzen könnte. Zwischen der Nummer zwei und drei gibt es sogar einen kleinen Abstand. Dort muss man springen.

Ich lauf geduckt wie ein Wiesel zum Dimitroffhaus und öffne dort die Dachluke. Rein. Runter. Durch den Dachboden und durchs Treppenhaus. Hauseingangstür. Ich stehe auf der Dimitroffstraße. Dicker Verkehr wie immer an der Kreuzung Leninalle. Vorbei an der Post. Die Eckkneipe und wieder die Langenbeck. Ohne groß nach links oder rechts zu schauen, überquere ich mit anderen Fußgängern die Straße und laufe etwa zwanzig Meter in Richtung großes dunkelgrünes Pissoir. Der markanteste Geruchsknotenpunkt in der Gegend. Selbst Taubblinde würden sich zurechtfinden. Da will ich jetzt gern rein. Untertassenmäßig wegfliegen. Meeting mit Mister Spock zum Thema Schubumkehr. Ich schlag mich nach links in die Büsche. Krieche langsamst und Zentimeter für Zentimeter wieder zurück zur Langenbeck. Da stehen sie alle und schauen hoch zu unserem Balkon.

Pchkchick pchkchick pchkchick.

Es ist wie im Biounterricht. Nur dass ich mehr Adrenalin im Blut hab als im Klassenzimmer. Dieses Auf-Menschen-Schießen ist eine andere Kategorie.

26. Oberschule. Die Klassentür geht auf. Wir sind mitten in Geografie. Bodenschätze im Ural, Nordkaukasien und Westsibirien. Steinkohle, Eisenerz und so weiter.
Die Schuldirektorin kommt rein. Sie flüstert kurz mit der Lehrerin. Dann mit unfreundlicher klarer Stimme.
Helmut kommen Sie bitte einmal mit raus.
Hörsturz. Als würde ich seit zehn Minuten in einem Chlorbecken unterwassergetaucht sein. Akuter Sauerstoffmangel. Ich weiß ja warum. Mir ist heiß und kalt. Alle staunen. Watn los, ähh? Tuscheltuschel. Es ist ganz still auf den Schulfluren. Das mag ich. Nur die Absätze der Direktorin knallen. Pchkchick pchkchick pchkchick pchkchick.
Der wichtige Direktorinnenschlüsselbund klappert leise. Es ist ein großes Schulgebäude. Langer Nachhall. Gemauerte Rundbögen, Spitzdecken, Marmorsteintreppen und Glaspendeltüren mit Gittern. Das Direktorinnenzimmer liegt im zweiten Stock links. Sekretärin Dübener schaut mich ernst und fast versteinert an. Sie wohnt mit ihrer Familie auf dem gleichen Hof wie wir, nur genau gegenüber im dritten Stock. Sonst ist sie immer sehr nett. Hinter der duftenden ledergepolsterten Tür warten zwei Herren. Heute würde ich sagen, beide mit dem Namen Smith. Bin eingeschüchtert. Kühl erbarmungslos mechanisch klären sie mich auf. Sie wissen al-

les. Langenbeckstraße Balkon Luftgewehr Beulen in Auto-
dächern rennende Fußgänger und tote Vögel.

Pchkchick pchkchick pchkchick.

Jetzt sofort wollen sie mich in unsere Wohnung fahren und
das Luftgewehr konfiszieren. Meine Eltern werden sofort
eine Vorladung bekommen. Mit der Schulleitung und den
entsprechenden Organen soll die weitere Verfahrensweise
besprochen werden. Stichwort Heim. Heißt es.

Ich bin wie von einem Scheißedonner getroffen. Fühl mich
wie in einem Metallrohr. Fühl mich wie das Metallrohr.
Komplett hohl. Ich weiß nicht mehr, wie ich mich verhalten
soll. Und wie ich da rauskomme. Die wollen mich fertigma-
chen. Und recht haben sie. Pchkchick pchkchick pchkchick.

Am übernächsten Morgen um neun Uhr zwanzig stehen
meine Mama, mein Papa und ihr Sohn (Ich) an dem großen Tisch der Direktorin. Uns gegenüber sie, meine Klassenlehrerin und die Herren Smith von der Kripo. Meinen Eltern hab ich gestern Abend erzählt, dass es ein Problem gibt.
Schulischer Art. Rechnen schwach. Möglich nächst Schul-
jahr schlecht. Nicht Versetzt. Sehr schwer. Genau sprechen
muss ein Problem. Schuldirektorin, Klassenlehrerin und andere müssen genau sprechen.

Nach der Begrüßung werde ich gebeten zu dolmetschen.
Danke.

Schuldirektorin: Bitte übersetzen Sie Ihren Eltern den Vor-
fall von vorgestern, dass Sie mit einem Luftgewehr von Ihrem Balkon auf Fahrzeuge und Menschen geschossen haben.

Ich: Linke Handfläche nach oben zwei gestreckte Finger der
rechten Hand mit den Fingerspitzen in deren Mitte zweimal hin und her im Halbkreis. Rechte Hand Daumen in
Höhe Gesicht hoch und runter zweimal vier Finger eingeknickt. Beide Hände Finger gespreizt in Höhe Gesicht flat-

ternde Finger und simultane Abwärtsbewegungen. Zeigefinger rechte Hand gestreckt eine schnelle Bewegung von oben nach unten. Beide Daumen am Körper gespreizt Finger geknickt simultane Bewegung vom Körper weg.

Papa nickt freundlich wie immer: Ahhha. Wiegt bedenklich Kopf von links nach rechts. Legt Stirn in Falten. Oooohhhh. Zeige- und Mittelfinger beider Hände zusammen und gestreckt, restliche Finger und Daumen eingeknickt. Vor dem Körper wegzeigend abwechselnd etwa fünfmal auf und nieder.

Mama in lautbegleitender Gebärde: Höolmune btte sgt frrrld mn wauuhm hühllhfäh. Dabei beide Handinnenflächen in Körpermitte nach oben zeigend zwei simultane Bewegungen nach innen und außen.

Ich zu Smith: Meine Eltern sind sehr erschrocken, verärgert und haben es nicht gewusst. Bitten um Hilfe.

Smith: Es handelt sich hier um eine Straftat, und man kann von Glück sagen, dass niemand verletzt wurde. Das Gewehr wird eingezogen. Und es wird gegebenenfalls vor einem Jugendrichter entschieden werden müssen, ob Sie in ein Heim kommen oder ob eine angemessene Betreuung durch die Schulleitung stattfinden kann.

Ich: Zeigefinger rechte Hand gestreckt ans Kinn Bewegung weg vom Gesicht. Zeigefingerspitze Bewegung zur Körpermitte linke Handfläche Finger geschlossen von der Schulter weg vom Körper. Rechte Hand Fingerkuppen zweimal über die Schläfe. Linke Hand Zeigefinger gestreckt weg vom Körper nach unten. Rechte Hand Zeigefinger Mittelfingerkuppe berühren Daumenkuppe schnelle Bewegung von Körpermitte nach oben.

Papa nickt freundlich wie immer: Ahhh. Wiegt bedenklich Kopf von links nach rechts. Legt Stirn in Falten.

Mama: Höolmue btte sgt frrrld mn waauuuuuhm.

Jetzt wieder Ich: Meine Eltern fragen, ob es noch ein letztes Mal möglich wäre, mit Hilfe der Schulleitung und mit Hilfe der Lehrerin eine Lösung zu finden, dass ich nicht ins Heim muss, und sie würden gern mithelfen, dass die Probleme, die ich außerhalb und innerhalb der Schule verursache, sich nicht mehr wiederholen.

Auf allen Seiten des Tisches außer mir und Smith und Smith eine Andeutung von Kopfnicken. Händeschütteln. Unsicheres. Verhalten freundliche Verabschiedung. Danke.

Auf Wiedersehen.

Es gelang mir zum ersten Mal, die Situation, in der meine Eltern, ich und der Rest der Welt aufgrund der Gehörlosigkeit steckten, voll und ganz für mein Wohl auszunutzen. Das Dolmetschen wurde zu meiner Rettung. Ich konnte die doofen Hörenden manipulieren. Ich war der Kapitän.

Falls das möglich ist, ist alles andere es auch.

~~Ohne Gefühl~~

~~Ohne Leidenschaft~~

~~Mich beunruhigt der Gedanke~~

~~wenn Sie mich verstehen~~

~~dann werden Sie das für mich tun~~

~~Es sind Hyänen. Die Welt ist Krank~~

Gebärdeter Text aus: ~~*ER.eine She (aus: 5ÜNF/Haare-Opfer)*~~

Wahrscheinlich liebt Gott Gewalt.

Das Hirn öffnen und sehen was passiert ist.
Tauben haben sehr kleine Hirne.
Aber Einstein konnte nicht fliegen.

Als könnte ich durch Dachsteine verdunsten.

Eigentlich sind meine Eltern Freaks. Ich wuchs in einer Welt normaler Anomalien auf. Zum Problem wurden die Normalen mit ihren Anomalien. Im Grunde waren die meisten der Zusammentreffen zwischen meinen Eltern und den Hörenden wie die paar Gruppensitzungen in der Nervenheilanstalt, die ich mal besuchen durfte.
Selten Merkwürdigeres erlebt.

Über zwei Jahre nahm ich heimlich Neuroleptika, aus einem kleinen dunkelroten Schächtelchen mit goldener Schrift. Nur um alles weicher und weiter weg sein zu lassen. Die Halluzinationen wurden immer stärker. Ich kam mir manchmal vor wie ein Gespensterfisch. Der bizarrste Bewohner der Tiefsee. Zweitausendfünfhundert Meter unter der Oberfläche lauert er auf Beute. Seine Augen können zugleich nach oben und unten sehen. Diese unheimliche Erweiterung des Blickwinkels führte dazu, dass ich diese gebärdenhaften Schattengestalten beobachten konnte. Sicherlich hatte ich kleine intensive Schläfenlappenepilepsien. Optische sehr komplexe kurze angsteinflößende Sinnestäuschungen.
Ich schmiss die Percopan im kleinen dunkelroten Schächtelchen in eine der braunen blechernen Mülltonnen.

Der Hinterhof.
Das Müllhaus.
Die beiden Kellereingänge Dimitroff und Langenbeck.
Die Mauer zwischen der Langenbeck Eins und Zwei.
Und die Teppichklopfstangen.

Ich wurde zur Flucht erzogen.
Lieber wären mir Löwen gewesen.

Ich war ein biederer Außenseiter. So ziemlich alles an mir uncool. Meine Schuhe meine Haare meine Hosen Socken Hemden Unterhosen. Und vor allem meine Angst vor allen Veränderungen. Vor allem Neuen. Ich sah noch blöder aus, als ich in Wirklichkeit war. Manchmal durchaus ein Vorteil. Meistens nicht. Es gab Zeiten, in denen dachte ich:
Ich komm da nie wieder raus.
Ich kann mich glücklich schätzen, dass diese Zeit mich hinter sich gelassen hat.
Mittlerweile bin ich in Ordnung. Und nett. Was fürs Auge. Hin und wieder jedenfalls.
Doch manchmal. Hab ich immer noch so
GraukrisselSchleimschwarzTickertage.

Trauma kommt von Wunde.
Verwundert bin ich über meine Monster.
Aber sie mögen mich.

Ich bin ein Kaninchenpatient.
Bleib sitzen. Stell dich unter. Versteckkauer dich.
Und: Lauf weg, Hase. Schnell, leise.
Immer abwechselnd kopft es da oben.
Auf einmal seh ich nur noch Fiesdrachen überall.

~~Zwei Seelen Zwei Herzen~~
~~Eines Tötet Eines Liebt~~
~~Am Leben~~
~~Alles Was Zählt Geborgenheit~~
~~Geborgenheit – wie ein WarmRegen~~
~~EinSpeer Eine Diamantenen Kugel~~
~~Direkt durch die Stirn~~
~~Makel-Los~~

Gebärdeter Text aus: ~~ER.eine She (aus: 5ÜNF/Haare-Opfer)~~

Ich kauerte ein zwei Stunden regungslos im halbdunklen modrigen Keller. Bewegungslos. Ich hatte eine Mission zu erfüllen. Mein Gewehr war geladen mit einem Bolzen. Einer Art Pfeilspitze mit zarten Kunstfederchen hinten dran. Aus dem Loch im Rohr kam sie langsam geräuschlos heraus. Roch Speck, den ich oben im vierten Stock in der Pfanne meiner Mutter kross gebraten hatte. Eine dicke fette Ratte. Ich schoss.

Was war nur mit mir los?
Ich saß auf einem einsamen Felsen fest.
Du musst mich befreien.
Mein Name ist Helmut Weber und ich habe taube und stumme Eltern.
Zurück auf Anfang.

Jedes Herz ist ein Schneewittchen
Beider Augen wachen
Herzen träumen
Sonderbar sterben
Leben auch

Gebärdeter Text aus: ~~ER.eine She (aus: 5ÜNF/Haare-Opfer)~~

Ein Streichquartett zu schreiben ist vergleichbar mit dem Heizen eines Kaminofens. Baum Holz Feuer Glut Hitze Qualm Asche Kälte.
Mitten im Zimmer. Und man kann sich heftigst daran verbrennen. Wenn man aber zu blöd ist und keine Ahnung vom Feuermachen hat, qualmts nur und stinkt.

Mein zweites Streichquartett wurde von einem amerikanischen Ensemble in Auftrag gegeben. Die mochten es nie aufführen. Keine Ahnung, warum. Das besorgten dann aber die englischen Musikanten von Apartmenthouse. Knallhart, punkig und dünnhäutig. Es handelt von einem Mädchen namens Marie Bentham. Ich las über sie in einer Zeitung. Eine dpameldung.

Mädchen im Alter von acht Jahren sind wundersame Wesen. Bekleidet mit nagelneuem Pink-Outfit. Vorbereitungen für Weihnachten. Alles ist unglaublich spannend. Vorfreude. Freundinnen und auch doofe Jungs sagen, den Weihnachtsmann gibt es nicht. Aber es ist mehr als wahrscheinlich, dass sie an ihn glauben möchte. Unschuld und Glauben sind noch nicht ersetzt durch Langeweile und Wissen gepaart mit dem Warten darauf, dass endlich etwas passiert. Barbieundkenpuppen Märchenfilme Pferde Bücher Gitarrespielen singen tanzen. Niemand rechnet damit, dass ein Kind in diesem Alter sich erhängt.

An einem Samstag, in der Nacht, wurde Marie Bentham von ihrer Mutter tot in ihrem Schlafzimmer gefunden. Das Springseil um ihren Hals. Eine Woche zuvor, am ersten Weihnachtsfeiertag, hatten alle ihren achten Geburtstag gefeiert. Wie die meisten Achtjährigen, die es nicht erwarten können, nach den Weihnachtsferien endlich wieder in die Schule zu gehen, ging sie früh zu Bett. Marie B. wollte nicht wieder in die Schule. Sie wurde gemobbt. Ihre Mutter fand sie um 22.30 Uhr.

Es gibt kaum etwas Schlimmeres, als dass das eigene Kind stirbt – wenn es sterben will. Kinder haben eigene und für uns Erwachsene seltsame Vorstellungen davon, was nach dem Tod geschieht. Im Alter von acht Jahren habe ich mir vorgestellt, dass das Totsein bedeutet, in den Himmel zu kommen. Einem viel schöneren Ort als hier. Immer, wenn mein zweites Streichquartett irgendwo aufgeführt wird, erfahren die Musikanten und Zuhörer von Marie Bentham.

Papa, ich will nicht in einen Sack.

Was, Süße?

Na, wenn ich tot bin. Ich meine, dann will ich nicht in einen Sack.

Meine Liebe, du meinst, einen Sarg.

Ach so, ja. Aber da will ich dann auch nicht rein. Dann erstick ich doch.

Pchkchick pchkchick pchkchick.

In den Nächten nach meinen Gewehrschüssen träumte ich von einem Typen, der die tote Taube an einem Band um den Hals tragen musste und sie nicht abnehmen durfte.

Tagelang Wochen Monate.

Ich schrie und schrie und schrie. Ich hätte nicht mehr aufgehört. Aber dann hielt ich mir die Hand vor den Mund, um nicht weiterschreien zu müssen.

Sie standen neben mir: Isntmpf Chyieee Sntapfm Phyyyyyxx Kesniepfch Chnsnpfg Hyjs Nieukpc.

Du. Nie.

VERLORENWASSER

Orte haben etwas mit Sprache zu tun. Orte sind bedeutsam, weil etwas Gesagtes, Gezeichnetes, Gehörtes, Gesehenes: Geschehenes an ihnen haftet. Durch Sprache, sei es in Worten, Gebärden, Klängen oder Bildern, werden die auratischen Konturen von Räumen geschaffen und bewahrt – über ihre konkrete Existenz hinaus, die ähnlich vergänglich ist wie die von Musik oder Sprache. Leer stehende, verwaiste Räume werden gefüllt.

Stefanie Wördemann,
Über die Vergänglichkeit.
Zu Helmut Oehrings VERLORENWASSER

LEUM. WISSEN Sie, wie das ist? Wenn man jahrelang mit einem Wort aufwächst und lebt, und am Ende stellt sich raus: Missverständnis, Irrtum. Ah, also falsch verstanden. Das Wort oder was auch immer gibt es gar nicht.

Leum kam 1970 zu uns. Direkt in unsere Wohnung. In die Küche. Neues Leum. Sagten sie zu mir. Ich denk so, Leum? Äh? Ja, Leum, hieß es. Bei meinen Eltern. Ok. Also Leum. Leum hier. Leum da. Pass auf bitte, das neue Leum. Vorsicht.

Leum wischen. Mit mit so klebriger Milch aus dem Wischeimer. Leum pflegen. Trocknen lassen. Nicht laufen. Schuhe aus. Glanz von selbst. Immer Samstagvormittag fuhr Papa mit mir in die Schönhauser Allee, um dort im GOLDBROI-LER zwei in Silberpapier eingewickelte gebratene tote Hühner zu kaufen, während Mama Leum pflegte und nebenbei drei durchsichtige Beutel mit Klitschereis kochte.

Jahre später stellte sich dann, wie so oft durch Schweigen versteckt, heraus, dass es sich beim gemeinen Leum um normales Linoleum handelt. Bodenbelag. Da es für meine Eltern aber wohl schwierig war, dieses Wort in Lautsprache zu formulieren, und es in Gebärdensprache nichts Passendes gab, sagten sie einfach Leum zum LinoLeum. Und überließen es mir, nach Jahren des LeumWortGlaubens, aufzudecken, dass es dies auf dieser Erde nicht gibt.

VERLORENWASSER.
Der Ort. Das Opfer.
Leum
EinKehrtag. Zart.
Wunderschöne Handschuldeckt, Ruhedorfmenschen.
Weisslust. Der Ort Das Opfer
FrühFrisch Süß müde wie sie weißt Leum
Handschuldeckt wunderbar
VerlorenWasserbach LiebLiLa ganz fein
Wasser Zart Schnee
Hand Schul deckt Grau Wind weißt
Ort Opfer Lust

VERLORENWASSER (aus: Der Ort/Musikalisches Opfer)

Im Rückblick würde ich sagen: Das Wasser hab ich als Sinn-
bildraum, genauer: als Lebewesen für mich entdeckt, als
ich 1985 Hanns Eislers *14 Arten den Regen zu beschreiben* erstmals hörte (Händels Wasserpopmusiken hatten
mich nie wirklich interessiert). Diese kurzen Eislerklänge,
die gegen die Vergänglichkeit den Moment festhalten wollen und sich dennoch dem Fluss hingeben. Sie sind für mich
Reisen, eher Flüchten, Erinnerungen, eine Art Vondrinnen-
nachdraußenschauen oder Amuferstehen und Aufsmeerbli-
cken. Bittere Fremde. Momente brennen sich auf die Haut
ein. Eisler schrieb diese Musik zum Film *Regen* von Joris
Ivens 1941 im amerikanischen Exil – sein traurigstes und
zugleich kämpferischstes Werk. In ihm ist eine Klarheit zu
spüren über das Fließen der Zeit, die Vergänglichkeit, den
Abschied. Und zugleich der Wille, die Möglichkeit, einer
Zukunft entgegenzuschwimmen.
Jeder sollte sich darüber im Klaren sein, welch große Rolle
Orte spielen – als Destillate, Eindampfungen historischer
biografischer individueller gesellschaftlicher politischer Ge-

schichte(n). Mich beeindruckt die Wahrhaftigkeit von Orten. Das Zeichenhafte und Eingeschriebensein.Verlorenwasser als Ort habe ich für diese Musik gewählt, weil seine spezifische Geschichte bereits allein im Namen existiert. Weil er als poetisches Symbol dienen kann, die Empfindlichkeit, Verletzlichkeit und Vergänglichkeit von Orten aufzuzeigen.

Frostkälte. Luftkalt. Trockengrauwind. Schlimmegewitter.
Strandhartmeer. Schneenassregen.
Blaumeer und Warmsonne.
Ach, Wasserordnung. Mutmeerlaufen.

VERLORENWASSER (aus: Der Ort/Musikalisches Opfer)

Die Musik übernimmt die Rolle der Erzählerin – fast immer in enger Verknüpfung mit Texten, die nicht nur gesungen oder gesprochen, sondern auch gebärdet werden. *Verlorenwasser* ist meine erste Arbeit, in der eine ganze Gruppe von Gehörlosen agiert: Ein neunköpfiger Chor realisiert mit Fingeralphabet und Gebärden die detailliert in die Partitur integrierten Ausführungsanweisungen. Anders als in allen davor entstandenen Kompositionen stelle ich hier mit der Einbeziehung von Nichthörenden und ihren Zeichen in die Musik nicht so sehr die Frage nach den (Un-)Möglichkeiten von Kommunikation. In *Verlorenwasser* schreiben die Gehörlosen vielmehr auf ihre ganz spezielle Art und Weise das Bild, von dem auch die anderen Musikanten des Orchesters und die Soli erzählen – ebenfalls auf jeweils ganz eigene Art und Weise: Die komplex strukturierten Orchestergruppen mit ihren dynamisch flutenden und abebbenden, atmosphärischfilmartigen Klangflächen auf der einen Seite und ihren filigranverschachtelten, murmelnden bis brüllenden Klangmahlströmen auf der anderen. Die beiden Instrumentalsolisten, an der EGitarre Jörg Wilki Wilkendorf und am Kontrabass der unvergessene Peter Kowald, die auch die Aufgabe haben, in bestimmten abgesprochenen Themenbereichen und Zeitfenstern zu improvisieren. Die Gesangssolistin Salome Kammer, die virtuose Nuancen der menschlichen Stimme hervorzaubert, vom kaum hörbaren flüsternden Sprechen Geräuschen Singen mit dem Voicetransformer bis zu opernhaften Vokalisen und verlöschenden Kaskaden. Die Liveelektronik mit ihren assoziativen bis konkreten Soundzuspielen. Ab und zu übernehmen die einzelnen Akteure aber auch die Ausdrucksweisen der anderen – wenn der Solokontrabassist Pizzicati mit Fingeralphabet anschlägt, der EGitarrist sein Instrument über die Talkbox zum Sprechen und Singen bringt, die Schlagzeuger schreibend mit dem Besen über die Snaredrums wischen oder der Gehörlosenchor in Lautsprache flüstert und auch an einer Stelle mit der Solostimme gemeinsam zerbrechlich leise zart singt. Genau dazu sanftschimmern aus den Marimbaphonen Terzen und Quinten quirlchenweich hervor. So erzählen sie einander alle zusammen die verschiedenen Geschichten und zugleich ein und dieselbe Geschichte von Verlorenwasser. Vom gleichnamigen Bach, an dessen Ufer der Ort liegt. Und vom Wasser, in all seinen Aggregatzuständen: Wie die Flut schwillt in den ersten fünf Minuten der Komposition die Musik an, mit kleinen crescendierenden Fingeralphabetwellen des Gebärdenchors. Unruhig schaukeln sich die einzelnen Orchesterabschnitte zu heftigen, abrupt in glasklaren fast eisigen Klangflächen mündenden Höhepunkten. Es regnet, gewittert und friert. Aber es schmilzt auch, stürmt und klart auf.

~~Es geht um das Verschwinden~~
~~Um das Imaginäre und die Anwesenheit von Körpern~~
~~Immer um das Suchen~~
~~Um Orte~~
~~Und das Unerwartete~~

Gebärdeter Text aus: ~~ER.eine She (aus: 5ÜNF/Haare-Opfer)~~

Ich guckte sehr fleißig und treu jede Folge der beliebten Ostfernsehsendung *Außenseiter Spitzenreiter* mit Hans-Joachim Wolfram. Zuschauer konnten Briefe schreiben und die Reporter in die Republik schicken, um alltägliche und weniger alltägliche Gegebenheiten bei Land und Leuten aufzuspüren und zu erklären. In einer Sendung fragte ein Zuschauer: Wo befindet sich eigentlich der Massemittelpunkt unserer Deutschen Demokratischen Republik? Wolfram zog los mit seinem Team und landete in Verlorenwasser. Eine Gemeinde im nordöstlichen deutschen Bundesland Brandenburg. Im Landkreis Potsdam-Mittelmark. Mitten durch diesen Ort fließt seit Jahrhunderten ein Bach mit demselben poetischen Namen: Verlorenwasserbach. Unregelmäßig und von den Jahreszeiten unabhängig taucht der Verlorenwasserbach auf und verschwindet dann wieder. Ein bisschen so wie die Idee des Sozialismus. Diese Fernsehstory traf mich in meinem eigenen Massemittelpunkt: Das Verschwinden Verlieren Vergessen und das Dagegenstemmen: Erinnern, Memorieren. Bewahren. Das ist wie das Leben, Lieben und Sterben und Atmen meiner Töne.

Der Ostteil Deutschlands wurde verramscht. Dabei wurde ein interessantes Tempo an den Tag gelegt. Die blühenden Landschaften schlummern sicher noch oder sind bereits unmerklich verblüht. In der Hoffnung, dass es nur die wenigen Köpfe merken, von denen ohnehin kaum jemand Notiz nimmt. Nach der sogenannten Wende. Ein Ausverkauf verbunden mit stiller Okkupation unter dem Deckmantel der politisch eingesetzten Treu!hand. Ihr seid das Volk.

Es hat keinen Tag warten wollen. Wollte die DMark sofort. Wie seit jeher üblich nach Machtübernahmen. Feindlich oder brüderlich. Scheißegal. Eine der größten Möglichkeiten in der deutschen Geschichte wurde aufgrund tagespolitischer kurzfristiger Interessen im Klo der Historie heruntergespült. Gäbe es diese Wiedervereinigung nicht, wäre die Westhälfte der Republik in eine der allerheftigsten Wirtschaftskrisen nach dem Zweiten Weltkrieg gefallen.

Ja, halleluja DMark Juli 1990 um null Uhr am Alexanderplatz. Einen Schuh habe ich verloren. Sagt einer der in der Menge vor einer Deutschenbankfiliale wartenden in die Kameras. Naja. Nicht wenige werden ohnmächtig. Kreislaufkollaps. Einen Kollaps bekam auch die ostdeutsche Wirtschaft. OK. Es ist direkt nach der Wende nicht alles optimal verlaufen, genauer gesagt sind einige Milliarden verschwunden.

Und die Besserwessis fingen nun an zu improvisieren. Bis heute herrscht gemeinschaftliches Schweigen der Bundesregierung darüber, was eigentlich genau mit dem Vermögen der ehemaligen DDR geschehen ist. In diesen Dingen funktioniert überparteiliche Einigkeit. Helmut Kohl: Ich glaube, dass die DDR von heute an gerechnet bis Mitte dieses Jahrzehnts, also bis zum Jahr 95, ein blühendes Land sein wird. 1991, also ein Jahr nach diesem Gärtnerspruch, flogen die Eier von Halle. Wohlstand für alle, bratschte der erste und letzte freigewählte Ministerpräsident. Bis auch er, angesichts der sogenannten Territorialkartei F78 unter der Registriernummer XV/3468/81 IM Czerni einknickte und zurücktrat. Nebulös. Fast wie ein Bratschenvibrato. Für den Musiklaien und denjenigen, der das Spielen auf diesem Instrument einmal erlernen möchte: Bratsche ist das Geräusch, das sich ergibt, wenn man auf gleichnamiges Instrument tritt. Ähnliches Ratschen erklingt bei Begleitumständen einer Husarenrittwiedervereinigung. Der Ton dieser gesellschaftlichen Veränderung stimmte ganz einfach nicht. Ich interessiere mich aus beruflichen Gründen für Klangliches.

Verhausung und Enthausung der Klänge. Töne sind erstmal nur ein physikalisches Phänomen. Und dies erklärt noch lange nicht, woher die Gänsehaut, die Freude und das Weinen herrühren, wenn wir bestimmte Musiken hören. Die Kraft der Töne und ihre Macht über uns besteht meines Wissens allein darin, dass sie sich im Moment ihres Entstehens, Erklingens gegen ihren augenblicklichen Tod stemmen müssen. Ohne das Verschwinden eines Klanges, ohne das Sterben der Töne würde es nicht das geben, was wir Musik nennen. Es hat etwas von einer verzauberten Ironie: Wir können sie nicht sehen, wir können sie nicht anfassen, wir können sie nicht behalten, sie muss immer verschwinden, immer wieder neu sterben – und kann aber das Wichtigste in einem Leben sein. Entfernt vergleichbar mit der Ironie etwa, wie Jorge Luis Borges genau in dem Moment, als er, der als Leiter einer Vorstadtbücherei angefangen hatte und irgendwann sehr spät in seinem Leben zum Direktor der argentinischen Nationalbibliothek ernannt wurde, erblindete. Vielleicht ist taub sein ähnlich wie die Dunkelheit. Unter Umständen ging es Beethoven oder Goya ähnlich. Im Umkehrschluss ist die Auseinandersetzung der gehörlosen Solistin Christina Schönfeld mit meiner Musik möglicherweise nicht anderes als die späte Dunkelheit im Leben von Borges als Nationalbibliotheksdirektor Spaniens. Auf der Bühne inmitten des Orchesters und der Chöre wird sie zu einer der einzigartigsten mutigsten Sängerinnen der Erde. Die Stimmen ihrer Hände. Das Wispern ihrer Finger. Für alle im Tosen der Musik sichtbar. Es ensteht der imaginäre Klang dieser wunderbaren einmaligen universalen Sprache.

Mitte der achtziger Jahre. Hauptbahnhof Dresden. Frau.
Was habt ihr mit mir gemacht
Erst ganz leise. Langsam immer lauter.
Was habt ihr mit mir gemacht
Bis zum Brüllen. Immer dasselbe. Immer diese Frage.
Was habt ihr mit mir gemacht

28. Januar 2001 Stuttgarter Liederhalle. Das Staatsorchester Stuttgart spielt die Uraufführung meiner Musik für Solisten, Gebärdenchor und Orchester *Verlorenwasser (aus: Der Ort/musikalisches Opfer)*. Zwischen Bach und Schumann. An zwei Vormittagen. Volles Haus, Menschen zwischen Acht und Achtzig. Alles wie gehabt. Aber als die zehn Gehörlosen oben auf der Chorempore zu singen anfangen, da sind wir alle in diesem Saal plötzlich in diesem DazwischenOrt. Das ist sehr schön. Physisch.

Interview. Für einen Film über die Probenarbeit zu *Verlorenwasser* in Stuttgart. Die Regisseurin möchte die gehörlosen Solisten befragen, wie sie sich fühlen zwischen hörenden Menschen, zwischen Musikern im Orchester, dem Dirigenten, dem Publikum. Ich soll übersetzen. Mitten in den Filmaufnahmen springt unvermittelt einer der Gehörlosen auf, nimmt sein Handy und sagt sowas Ähnliches ins Telefon wie: Ia, aa, tzt nit, kn Prblm, sptr. Und geht dabei dezent etwas zur Seite, um weiterzutelefonieren. Unverständnis, Fassungslosigkeit und offene Münder beim Filmteam. Es war der vor einigen Jahren verstorbene gehörlose Schauspieler, Kulturpreisträger und Künstler Gunter Puttrich-

Reignard, der diese Art von Scherzen mit Hörenden sehr mochte.

In der ersten Tuttiprobe in der Liederhalle, einen Tag vor der Premiere, erklärt der Dirigent, wie er einige Passagen dirigieren wird, wie er Tempi nimmt und wie er Übergänge schafft, wie er einige Taktwechsel gestalten möchte. Und spricht so dies und jenes. Zu einzelnen Orchestergruppen, zu den Solisten und zum Gebärdenchor. Alle machen sich Notizen, nur der Gebärdenchor schaut ihn lächelnd an. Sie denken wahrscheinlich da hoch oben auf ihrer Chorempore: Wer ist eigentlich dieser freundliche Herr da vorn, und was will der jetzt genau? Von uns? So bitte, Takt dreihundertfünfundsiebzig, Einsatz da und da. Alle machen mit, auf den Punkt genau. Exzellent. Nur der Gebärdenchor wundert sich und lächelt weiter. Stopp. Die Damen und Herren vom Chor. Warum machen Sie nicht mit? Assistent von hinten: Die können nicht hören. Ja wieso können die nicht hören? Das ist der Moment, wo ich denke, ich bring mich hier jetzt mal ein.

Was ist, wenn etwas zerrinnt? Wenn das, was da war, mit einem Mal nicht mehr greifbar, fassbar ist? Zerrinnt dann auch die Erinnerung? Zerfließen dann die Bilder des Gewesenen? Wie verändert sich Umfeld? Wird das veränderte Umfeld verändert wahrgenommen? Kann es gleich sein und trotzdem anders?

Als Gebärdensprache bezeichnet man eine eigenständige, visuell wahrnehmbare natürliche Sprache, die insbesondere von gehörlosen und schwerhörigen Menschen zur Kommunikation genutzt wird. Gebärdensprache besteht aus kombinierten Zeichen, die vor allem mit den Händen, in Verbindung mit Mimik und Mundbild (lautlos gesprochene Wörter oder Silben) und zudem im Kontext mit der Körperhaltung gebildet werden. Die Gebärden werden in vier Parameter zerlegt, die phonemisch weiter analysiert werden, in Handkonfiguration, Handorientierung, Bewegungsausführung und Ort der Bewegung. Wegen dieser Zerlegbarkeit und der Strukturierung innerhalb des Satzes oder der Phrase werden Gebärdensprachen wissenschaftlich als eigenständige und vollwertige Sprachen angesehen. Sie haben eigene grammatikalische Strukturen, die sich von der Lautsprache des jeweiligen Landes grundlegend unterscheiden. Gebärdensprache lässt sich nicht Wort für Wort in Lautsprache umsetzen.

Gebärdensprache hat sich bisher nicht für den Alltagsgebrauch zuverlässig verschriftlichen lassen, obwohl es bereits mehrere Ansätze dazu gibt. Für wissenschaftliche Forschungen existieren Notationssysteme wie das HamNoSys (Hamburger Notationssystem); sie arbeiten unter anderem mit der Zerlegung jeder Gebärde in Handform, Handstellung, Körperbereich, Bewegungsausführung und der jeweils entsprechenden Darstellung.

Die Zukunft der Gebärdensprache der Gehörlosengemeinschaft ist ungewisser geworden. Sie wird möglicherweise wegen des technischen Fortschritts aussterben. Nachdem sie Jahrzehnte im Unterricht verboten war und Kinder in der Schule auf ihren Händen sitzen sollten, um nicht zu gebärden, weicht sie langsam dem CI. Cochlaer Implantat. Hören. Einfach nur Hören.

CIs wandeln Schall in elektrische Impulse um. Der Hörnerv in der Cochlea (Hörschnecke) wird angeregt. Sprache und Klänge können von Gehörlosen wahrgenommen werden. Meine Muttersprache verschwindet. Sie hat verloren. Vielleicht. Dabei gibt es allein in Deutschland dreizehn Millionen Hörbehinderte. Davon sind etwa hunderttausend Menschen gehörlos. Nicht jede Behinderung ist ein Makel. Sie birgt auch Chancen. Das CI behebt das Problem vor allem ausschließlich aus medizinischer Sicht. Um die Norm und Anpassung an eine vom Ohr beherrschte Gesellschaft zu erfüllen.

Das CI wird sicherlich nicht die sozialen Probleme beheben können. Diesen Bedarf an sozialer Kommunikationskompetenz muss die Politik erkennen, begleiten und befriedigen. In den USA gibt es seit 1988 die Bewegung *Deaf for President* an der 1857 eröffneten Gallaudet Universität Washington D.C. Sie ist die erste Universität für taube und schwerhörige Studenten und die einzige, die ihr Programm und sämtliche Leistungen auf diese Studenten angepasst hat. In Deutschland gibt es seit 2008 in Hamburg einen einzigen gehörlosen Universitätsprofessor. 2013 soll in Bad Kreuznach eine Gebärdensprachuniversität eröffnen. Aber.

Hören. Einfach nur Hören. Implantat unter die Haut. Sprachprozessor hinters Ohr.

Ertaubte Kinder oder Taubgeborene und hochgradig schwerhörige Erwachsene können nach einer zweistündigen Operation HÖREN. Hören. Einfach nur Hören.

Viel zeitgemäßer scheint mir doch die Förderung der Gebärdendolmetscher. Ein Programm für Lehrer und taube wie hörende Kinder in gemeinsamen Schulklassen.

Ein Erlernen des Miteinanders. Möglichkeiten schaffen. Meine ganze Kindheit war indirekt von der Behinderung betroffen. Auffälligkeiten und Helferundmittlersyndrom prägten meinen sozialen Umgangshorizont. Überall Scherben durch das lautlose Aufeinanderknallen der Hörenden und Nichthörenden. Kaum ein Miteinander. Nicht jede Behinderung ist ein Makel. Hier wartet eine Chance, aktiv den Umgang miteinander zu gestalten. Kinder wie Erwachsene lernen inneren Reichtum durch Sprache, Fantasie und Kunst zu schätzen. Die Fähigkeit, nonverbale Kompetenzen zu erlernen und anzuwenden, schafft Persönlichkeiten, die an den wichtigen Schnittstellen dieser Gesellschaft fehlen. Gebärdenschrift wurde von einer Choreografin erfunden. Die ehemalige Balletttänzerin Valerie Sutton entwickelte *Sutton Sign Writing Systems*. Hallo? Auf was für tolle Möglichkeiten wollt ihr denn eigentlich noch so warten?

Gebärden und Hören. UnsichtbarLand.
Da sollen wir hin. Diese Klänge müssen wir SEHEN.

Ptche Huugrmm Lloöeerwuuuhrrt.
Ja gern, Leber vom Huhn. Wieviel darfs sein, die Dame?
Naigdake, Ptche Huuuhgrrmm Lllöäeerrrwuuuuht. Ptchee.
Meine Mutter, an der linken Hand Kleinsöhnchen und Einkaufsbeutel in der rechten. Ihre Sprache: Ptche = mit den Innenflächen der Finger zweimal gegen das Kinn. 1. Bit 2. te. Dann weiter mit ausgestrecktem Zeigefinger eine Bewegung vor dem Oberkörper, von oben nach unten = Hundert. Es folgen in Höhe der Brust die nach außen gespreizten und nach unten zeigenden Finger, in einer synchronen Bewegung ca. zwölf cm nach oben, dabei alle Finger zu Beginn gestreckt und auf dem Weg nach oben schließend, zum Schluss zwei Daumenbewegungen abwärts in Lebernähe: 1. Le 2. ber und in Höhe des Oberkörpers eine Bewegung, die wie eine Bananenhälfte oder auch Wursthälfte aussieht. Am Wurststand Kaufhalle Leninallee Ecke Dimitroff.

Mir war das immer wahnsinnig peinlich. Warum mussten wir überall und immer so auffallen? Ich ging nicht gerne mit meinen Eltern weg. Vor allem nicht an Orte, wo man etwas bestellen musste und auch sagen, was man will. Weil es mit hundertprozentiger Sicherheit bei jeder dieser Bestellungen darauf hinauslief, dass etwas Falsches gebracht wurde. Oder aber die Kellnerin oder Verkäuferin nachfragten. Und weil meine Eltern auch das Nachfragen nicht verstanden, wurden die Nachfragen immer lauter. So als könnte man Taubheit mit Lautstärke bezwingen. Das ist ein bisschen so, wie wenn man in der eigenen Stadt von einem Ausländer die Frage nach dem Weg gestellt bekommt, und, während man erklärt, immer lauter spricht. In der Hoffnung, dass der Reisende, obwohl er kein Deutsch versteht, vielleicht lautes Deutsch versteht.

Im Café oder Restaurant drehten sich in der Folge die anderen Gäste um und schauten uns an. Einfach so. Als ob wir hier die Doofen waren. Beim Einkaufen am Wurststand oder an der Käsetheke war es genauso: Immer glotzen die Anderen in der Schlange. Was dauert denn da so lange? Warum geht es nicht weiter? Ich anfangs staunend, warum die anderen so komisch gucken, später dann im Boden versinkend oder selbst die Bestellung aufsagend. Wir stören.

Meine Eltern kannten das Angestarrtwerden ihr Leben lang. Für mich als kleiner Junge war dieses ungewollt Immittelpunktstehen nicht gerade angenehm. Bis heute hasse ich die Unverfrorenheit der Blicke. Dieses dämliche indiskrete Glotzen. Viele der Mitmenschen verhalten sich wie gewöhnliche Spanner oder wie Langsamfahrer, um einen Unfall auf der gegenüberliegenden Straße besser betrachten zu können. Schaulustige. Man muss ja nicht gleich bei allem wegschauen, aber es gibt eben auch diskretere und dezentere Formen von Neugier.

Diese Situationen auf Ämtern oder beim Arzt, also überall dort, wo man per Namen aufgerufen wird, das Zimmer zu betreten: Für uns Hörende ist es fast nicht vorstellbar, was für eine Beobachtungsleistung zu diesem Alltag gehört. Ständig wie ein Adler oder ein Luchs auf die Lippenbewegungen zu achten und sie zu entschlüsseln. Permanentes Scannen der Gesichtsausdrücke anderer, um darin zu lesen. Hab ich das jetzt richtig verstanden? Ich antworte jetzt mal so und so. Vielleicht stimmts und ich habe Glück. Mal abwarten, wie er reagiert. Je nachdem, wie die Mimik rüberkommt. Wichtig ist, immer freundlich lächeln. Auch wenn ich genau merke, wir kommunizieren aneinander vorbei. Was für ein Aufwand nötig ist, um am öffentlichen Leben teilzunehmen.

Blindheit trennt von den Dingen. Taubheit von den Menschen. Sagt die taubblinde US-Schriftstellerin Helen Keller. Von ihr stammt auch der Satz: Ich weinte, weil ich keine Schuhe hatte, bis ich einen traf, der keine Füße hatte.

GOTTFRIED W. TORHÜTER

*Sprache ist nicht lediglich eine Fähigkeit oder
Fertigkeit unter vielen, sondern sie ist das, was
das Denken ermöglicht, was Denken von Nicht-
Denken, das Menschliche vom Nicht-Mensch-
lichen unterscheidet. [ ]*
*Benutzer der Gebärdensprache neigen dazu, zu
improvisieren, mit den Gebärden zu spielen, ihren ganzen Humor, ihre Phantasie, ihre Persönlichkeit in ihre Gebärden einfließen zu lassen,
so dass diese Sprache nicht nur die bestimmten
grammatischen Regeln folgende Manipulation
von Symbolen, sondern in ihrem nicht reduzier-
baren Kern die Stimme dieses Menschen ist, eine
Stimme, die von einer besonderen Kraft erfüllt
ist, weil sie sich so unmittelbar durch den Körper mitteilt. Man kann eine körperlose Stimme
haben (oder sie sich vorstellen), aber eine körperlose Gebärdensprache ist unmöglich. Der
Körper und die Seele eines Menschen , der sich
der Gebärdensprache bedient, seine einzigartige
menschliche Identität, findet ständig Ausdruck
im Akt des Gebärdensprechens.*

Oliver Sacks

MEIN VATER war der größte Torhüter aller Zeiten.
Er war sein ganzes Leben lang taub.
August 1915 in Eilenburg geboren. Eltern, Schwester und
Bruder hörend.

Mein Vater Gottfried, ein stiller Einzelgänger, ein freundlicher Beobachter, aber auch ein löwischer Draufgänger. Er war der einzige gehörlose Spitzensportler seiner Zeit weltweit. Als Profi in der Oberliga der Hörenden wurde er in den vierziger Jahren »Großdeutscher Meister« mit dem legendären Dresdner SC und hütete später in der Weltauswahl der Gehörlosen das Tor. Als Gehörloser profitierte er natürlich von den immer spürbarer werdenden Kriegsauswirkungen. In den erstklassigen Vereinen »Großdeutschlands« herrschte ein großer Spielermangel. Die sportliche Bedeutung der militärischen Sportvereine wurde immer größer, durch die Einberufung standen ihnen die Spitzensportler nun an den jeweiligen Frontabschnitten und auch im Hinterland zur Verfügung. Vom Kriegsdienst ausgeschlossen und durch diese Umstände begünstigt lernte mein Papa daheim den Fußballspieler Helmut Schön kennen. Beide trainierten zusammen und spielten mit dem Dresdner SC mehrmals um die Meisterschale. Gottfried Weber und Helmut Schön verband bis nach Mauerbau eine innige Freundschaft, von der ich später, in den siebziger Jahren, in der Schule schwer profitierte. Als Helmut Schön Bundestrainer und Weltmeister wurde: Meinem lieben Freund

Gottfried und seinem Sohn Helmut herzliche Grüße Euer Helmut. Unter einem Foto der Nationalmannschaft der BRD mit Originalunterschriften jedes einzelnen Spielers – und wir reden hier über Günter Netzer, Gerd Müller, Sepp Meier, Wolfgang Overath undsoweiter. Hallo?

Ich habe akustische Halluzinationen.
Höre beim Einschlafen deutlich die Stimme meines Vaters.
Dass ich die Mütze gefälligst weiter runterziehen soll.
Wegen der tiefstehenden Sonne.
Weil ich sonst den Ball nicht früh genug sehen kann.

Mein Vater feierte im Leistungssport nationale und internationale Erfolge, zu einer Zeit, als die Gebärdensprache als »Affensprache« galt. Während die Gehörlosen »sangen« – »im gleichen Schritt und Tritt marschieren wir heute in der deutschen Volksgemeinschaft« –, wurden sie taubstumm genannt und von den Nationalsozialisten als minderwertig geschmäht. Die Schulzeit meiner Eltern war bitter. Die Gebärdensprache war nicht anerkannt, sie war verpönt und nahezu verboten. Die Methoden im Artikulationsunterricht waren nicht zimperlich. Um das R zu üben, wurde den Gehörlosen ein Gummiring in den Mund gesteckt. Das zugrundeliegende Gedankengut erstreckte sich in den Gehörlosenschulen bis weit in die neunziger Jahre hinein. Noch bis vor wenigen Jahren durften die Kinder dort nicht einfach so gebärden. Nicht ihre Muttersprache gebärden. In der Pause auf dem Hof oder in der Freizeit taten sie es zwar. Aber in der Schule mussten sie auf ihren Händen sitzen und Lautsprache übenübenüben. Es ging ums Funktionieren. Eigentlich so wie es alle Besatzer mit besetzten Volksgruppen machen: deren Sprache rauben. Verbieten. 1934 trat ein »Gesetz zur Verhütung erbkranken Nachwuchses« in Kraft, demzufolge alle Gehörlosen von einer Zwangssterilisation bedroht waren.

Stimme Papa. Kaputte Bremsbeläge. Mittelgroße Kreissäge. Oder wie langgezogene Töne in der oberen Lage eines Altsaxophons.

15. September 1935, Protokoll 21:50 Uhr: »Der Reichstag bringt dem Führer einen dreifachen Heil-Ruf und singt stehend die erste Strophe des Horst-Wessel-Liedes.« Unter anderem wurden an diesem Freitagabend drei Gesetze beschlossen, die man nach dem Ort des Geschehens benannte: »Nürnberger Gesetze«. Beim dritten, dem »Gesetz zum Schutze des deutschen Blutes und der deutschen Ehre«, handelte es sich um den wichtigsten Beschluss, dessen Tragweite in den folgenden zehn Jahren die Welt erschüttern sollte. Im Zusammenhang mit den »Nürnberger Gesetzen« erfand Oberregierungsrat Hans Globke, der seit 1922 der katholischen Zentrumspartei angehörte, 1953 unter Adenauer ohne Probleme Staatssekretär im Bundeskanzleramt und später Träger des Großkreuzes des Bundesverdienstkreuzes der Bundesrepublik Deutschland wurde, für die NSDAPbegriffe wie »Halbjuden«, »Vierteljuden« oder »Achteljuden«. Staatsparteilich verordnete Vorsichtsmaßnahmen im Umgang mit den »Rassefremden« sollten die »Reinheit des Blutes«, den »arischen« Fortbestand des deutschen Volkes sichern.
Und da bekamen auch die Taubstummen Probleme, weil sie ebenfalls als nicht vollwertige deutsche Volksgenossen galten. Keiner konnte sie verstehen. Und deshalb wollte sie auch niemand auf den Straßen sehen. Sie hielten sich besser im Hintergrund und taten gut daran, so wenig wie möglich aufzufallen.

Wenn ihr die Gebärdensprache gebraucht, halten Euch die Hörenden für dumm und geistig minderwertig. Sprecht die deutsche Sprache und zappelt nicht mit den Händen in der Luft herum – so lautete der Rat eines Taubstummenlehrers meines Vaters. Gehörlose sollten sich wie Deutsche benehmen. Verfolgt in den Schlaf und in die Träume.

Wer einmal von W erfahren hat, der geht nie wieder an diesen ABCDEmenschen vorüber, die mit Zigaretten und Flaschen am Bürgersteig stehen und auf etwas warten. Die mit Pflückstäben in den Händen auf Leitern klettern und Äpfel und Birnen herunterholen. Oben in den Bäumen knorrige Äste sägen und Mistelzweige herauszerren.
Am 1. Juli 1934, 7:30 Uhr verriegelt W tränenüberströmt den holzgenagelten Anbau von innen und schreibt einen Brief. Er sich Friedhof, schreibt, kann Grund Schmerzen nicht bewegen. Er von jüngeren andere Arbeiter A geprügelt. A mit blutunterlaufenes Augen angestarr, Besen genommen, auf W trümmert. Mit Reststück hat Kopf, Gesicht, Schultern, Arme droschen. Alles weh. Niemand soll Not wissen. Versprich, beschwört Papierseite, du niemand Seele erzähl. Papier hält nicht daran. Wieso wird Kopf auf geschlagen? W erfährt, ist außer wild sich, brüllflüst: Weißt, was getan? Dann bricht zusammen, Kopf auf Tisch, schluch: Jetzt bringen um. Schlagen Jahren. So erfährt Papierseite vom stumm Leiden. Erste Mal sagt, dass von fünf Menschmann lange Zeit demütigt, schlagen, quäl, droht. Kriminalpolizei später Jahre 1930 bis 1934 schreibe zweihundertsieben KörperVerletztListen weiter, Foltermachen sprechen. Zwei Jahre. Nach Papierblatt lautflüster hat, schweigen alle. A, ein dick Mann alleinstehend, ohne Frau, Chef. A sagt, kaum verstehen. Lallnusch, bloß Spaß, nie Ernst. Wie jung Hunden auf Straße.

A und B schweig. Da ein normal Schlag, sagt B. Kein Problem.

C: Stimmen nicht. D, E auch sagen.

Auf Papierseite erscheint MenschMann im Popelineanzug, Gesichtsausdruck schreckschrucken. MenschMann aufregt stikuliert, wie Kette fesselt, Holz droschen, gemisshandelt: Zschachzschachbummbaf, genau seine die LuftKnüppel. Hatmacht glaubtmich? Heisertauchend Ws überdeformierlaut Unkontrollstimme trägt weit: Wie fünf Bösmannmensch lauerten, um heimlich an ihm abzuvergehen. Manchmal, wenn irgendwo im gelegenen Büsch oder in Samkeit der Ecken arbeitet, sie fünf Regellustlaunefahrt zu W Ohngestört malträtiermachen. Fünf festgehalt, ArmKetten einandergerisst, und ein A, auch D habe vergabt: Knöchefaust, Holznüppeln, mit Eisenbesnuten. Auf Kopf, Hals, Rücken-Prügel, ArmedieKnie. W zeughämmert auf Zeigestuhl ein: ZbachFratchBumXaych.

Überstrotztriebungen. BauchHalsKopfschüttelScheisnDreck.

Fremdnehmliches vom Zeug, hemmlose Bärdenschwall, aufhemmentes Treten und Unkonpulsivität, Typ beifür hirnverletztes persediagnost. Opfzeug W schwerbeinahe vergestorben. WochenKindKoma, vierdauert Rehabilitatio. Fehlaugstelle von Stimme und hirnganisches Psychsynodrom. Das Ceverlangsamt. Keine Konzentionskeit. Hörmögen reziert. Begungen Wirkpastik. Taub. Grobgeschickt. Exekutifunktien stumm. Assoziafühle ohnungefiltert. Eigenfremdenartig, skurril. Allerdings Ws Intelliwahrnehmungskeit owohl Hirnquetsch in Nichtmitleidenschaft, auch nicht Gedächtnis. W genau weiß, was lebt, was gebärdet.

Klar, KeinwegschnappterMärchzähler. Naivdrucksweise, KindMangel an Raffin.

UnbeholfenheitstrittsFürchterernst. Vierzig Tage nimmt das und ein Schickjungensal hervor, W wegen Behinderungsstummheit ein lang gehänselgegrenzt und sich zeitig nichts mehr sehnwünschte, normal sein und dazu. HÖREN. Mitmenschmenschen Abniedertracht stillstumm hielt, stummschämte, keinauffallen, immerzuhofft. Ein EwigOpferW in Minute zum Kämpfer ist. Am Offenbarungstisch leidenserschöpft. Er hörduckte sich wegauf, W stellschloss sich seinen Entgegenzugegnern. In der Erstminute dieser Welt immer Menschen gegen zu haben. StraßeSchuleHaus: volltumbspastidoof, rief spuckt schlug stahl schütt missverachteten nach ihm. Jeder hatte keinen Fehler. Nur W sofort erst Tag in zweit Minute Gesicht geschlagen, lacht. Kopfgrinsschüttelnd. Vergezwungen, auf Parktplatz laut schreistummen: Kikeriki. Ein Ich Nichts. Bokbokbok. Menschmann sangen: Haare ab, Schuhe aus, Ringe runter, Goldzahn raus und ab jehts duschen. Adolf vergast Dich. Adolf vergast Dich. Adolf vergast Dich.

W vergebärdet und vergebärdet und vergebärdet und vergebärdet. Allaufgestausammelte Unheilzeichen, bricht Unungemeintes. Verhochschaukelächtung, Feindterror, Mordmobbing, Seligblanksadismusschikane wann immer warum sie ihn missvergehandelten. Weil du hier. Gesellspaßmarternlustspiel.

SpielorgieaufschlugKopf, Sowusstlosliegen. Andere Mal ergriffen ihn alle an, FesselKetten und an KupplungMoped. Schleiften ihn samt allem durch BlutPfützScheisnDreck. Obendraufschlugen sie ein. Hause, ohne Gebärde. MussRuh. Stillschweigen, vergessen. Weinen. Kann nicht sagen. Malfesselklebebandtotenblass mit Knien setzten sie sich drittABC Fremdalpwesen im Nebel auf Brustkorb. ViertD hielt Beine und fünftE drückte Nasauge zu. Geschund-schwindübel, erwachte er vergelassen. Kotzbrochenknäck-brotete an seinem Halsstachel und Wüstenmund.

Warum W all Terror ertragen haben? Warum hat jahrelang schweigen? Warum vergetraute seinen Eltern nicht an? Warum ging nicht Polizei? Antwort W, der schattseits steht: Niemand glaubt. Sie fünf, er allein. Mama, nicht weiter Kummer. Muss schweigen.

Furcht. Einmal stuken A und E ihn Kopf in Toilette.

Halt Fresse! Maul halt's, Punkt aus!

Schlagen ihn schon nicht tot, die.

Hitlergrüß. Keinen Schmerz, wenn nicht spüren will. Tränen die Augen. MobbingexzessHemmschwellSchweigenOpfer Erbrechen Kichernsind grausamzerbrechlichflatterndenun-vorstellbarWahnideengroßGrauenFädenTränenlügtQuä-lereienschielendratternChaosParolenhalbsoschlimmFrust-PlatzVersehenHitlergrüßFloskelGestelegtersichschläft.

19. September 1925. Jugendfußballturnier in Riesa. Hel-mut, sein zwei Jahre älterer Bruder Gottfried und neun an-dere Jungen aus der Dresdner Mannschaft spielen auf den Elbwiesen Fußball. Das Turnier beginnt in gut vier Stun-den. Alle fühlen sich berufen und haben klare Vorstellungen von dem, was sie mal werden wollen. Sie spielen herausra-gend. Flink im Dribbeln, schnell und intuitiv in der Ballab-gabe und im Pässeschießen nach vorn durch plötzlich sich auftuende Gassen. Gottfried ist ein Geschenk an den Fuß-ball. Er ist damals schon einsam und allein dort oben an der Spitze aller Kinderundjugendtorsteher. Tolle Schiebermütze. Voll die krassen Gumminoppenhandschuhe. Ein Blick in die Zukunft, wie ein Philosoph. Sieht alles voraus. Fliegt hech-tet stößt mit der Faust immer in die Räume, in denen der

Ball Zehntelsekunden später erscheint. Augengenie. Blickt mit seinem ganzen Körper. Aber die Zurufe und Schreie, das Johlen und Brüllen seiner Mitspieler und Gegner hört er nicht. Er ist taub. Allein unter diesen Jugendlichen. Sein Bruder Helmut kann hören, hat aber im Spiel nicht dieses besondere Talent. Beide sehen sich sehr ähnlich. Und haben diese besondere Art der Kommunikation. Ohne Worte, mit äußerst reduzierten Gesten Zeichen Mimiken verstehen sie sich. Meistens.

Der Ball fliegt nach einem grandiosen Fernschuss durch das markierte Tor, weit nach hinten in die Büsche nahe der Elbe. Helmut rennt hinterher, um ihn noch abzufangen, bevor er unerreichbar ins Wasser rollt. Helmut ist nicht mehr zu sehen. Die Freunde warten. Er bleibt verschwunden und taucht erst zwei Kilometer vor Torgau wieder aus dem Wasser auf.

Gottfried musste später den Eltern zu Hause gebärden: Hoälmuneö weg. Elb. Hilfe. Ertrunkt.

13. Februar 1945. Gauleiter Mutschmann war 1944 der Meinung, Deutschland wird wieder angreifen und zurückschlagen. Optimismus ist Resultat fehlender Informationen (Heiner Müller). 22:13 Uhr in meinem taubstummen Zimmer. Plötzlich alles weiß, ich träume vom Nebel der Elbwiesen und dem Großen Garten. Es still. Wie immer. Dasselbe. Es wird kühl. Besser Fenster zu. Ich bemerke, dass das Fenster geschlossen ist. Es dauerte nicht mehr lange, bis ich keine Luft bekomme, alles um mich herum wird immer weißer, aber das Licht geht nicht an, ich begreife nichts. Plötzlich ist mein Zimmer wie die Planken auf einem Elbdampfer. Alles vibriert. Tür auf. Mama kommt. AugenMund weit auf. Nun können wir zuzweitbeide nicht mehr atmen. Ich bemerke

den Kalkstaub übervollall. Sie macht: flache Hand Handteller nach unten von der Schulter beginnend nach vorn, dann mit der rechten Faust von oben nach unten auf die linke Handfläche und zum Schluss mit dem erhobenen Zeigefinger sehr schnell hin und her. Es ist nicht der erste, weiß ich jetzt: Fliegeralarm. Bombenangriff. Schnell in Luftschutzkeller. Ich höre ja nichts, schrecklich und schön zugleich. Dafür muss ich alles sehen. Mehr als die anderen. Was ich nicht weiß, dass nordwestlich von dort, wo wir wohnen, eine der entscheidenden roten Zielmarkierungen von neun britischen De Havilland Mosquitos in mein geliebtes Ostragehege geworfen werden. Mein Stadion des Dresdner SC. Von diesem Moment an fallen fünfhundertneunundzwanzig Luftminen, eintausendachthundert Sprengundbrandbomben, insgesamt neunhundert Tonnen einzig und allein und direkt mitten auf meinen Kopf. Ich kann durch meine Augen alles hören. Ich seh den Klang. Plötzlich, drei Stunden lang, danach ist es still. Dann fällt mit einem Mal die doppelte Menge als zuvor auf meine Augen. Mutter und Vater haben zwei Löcher im Gesicht. Alle anderen auch. Alle sind weiß und haben schwarze Löcher angemalt. Es ist Fasching. Als alles zu Ende ist, suche ich mein stummes Zimmer.

29. Dezember 1968. Leninallee Ecke Ebertystraße. Die Gebrauchsanweisung zur korrekten Anwendung von Silvesterknallern ist auch für Hörende schwer zu entschlüsseln. Für Gehörlose aus der Generation meiner Eltern liest sich die Anleitung eher wie ein altchinesischer Text über die Herstellung von Papier. Ich stehe abwechselnd mal mit Mama, mal mit Papa. Und mal steht nur Mama oder nur Papa gemeinsam mit etwa fünfzig anderen Menschen in einer Schlange vor der noch verschlossenen Eingangstür einer Drogerie. Weil es sehr kalt ist, geh ich mal mit Mama, mal mit Papa

nach Hause. Zum Aufwärmen. Aber dann schnell zurück zur Schlange: Wenn ich bei der Bestellung nicht dabei bin, gibt es eine Katastrophe. Dann bringen mir Mama und oder Papa Pipibabykram mit. So Zeugs wie Bengalisches Feuer, Knallerbsen und Wunderkerzen. Womöglich noch irgendwas zum Bleigießen. Aber ich brauche richtige Hammerknaller. Als wir an der Reihe sind, kläre ich erstmal ab, dass meine Eltern taub sind und ich hier das Sagen habe. Meine Eltern nicken. Ja, Sohn. Alle schauen uns an. Die Frau hinter der Theke auch. Kein Wort. Blicke. Dann endlich darf ich bestellen. Sechs Schachteln Filou vier Schachteln Harzerknaller sechs Stabraketen fünf Tischfeuerwerke zwei Sonnen und zwei Mehrfachkugelleuchtraketen in einem Pappkästchen. Ein kleiner Junge und zwei Gehörlose kaufen für viel Geld zwei drei Tüten voll Silvesterlärmkram. Nach insgesamt vier Stunden Anstehen und den daraus resultierenden Frostbeulen sind wir froh, wieder nach Hause zu kommen. Aber ich muss gleich wieder los. Mit Frank Tederjahn Filous und Harzerknaller in den Briefkästen unserer Nachbarn zünden. Mordsrummse. Es riecht gut.

31. Dezember 1968 Langenbeckstraße. Endlich. Der Silvesterabend. Wir haben Besuch aus Westberlin. Zwei mit meinen Eltern befreundete Ehepaare. Es gibt eine nach Westen riechende Plastetüte voll arielmarsluxduploerntedreiundzwanzigniveapepsisnickerskabafitsiebenundvierzigelfeduschosarotti. Um halb zehn sind der Besuch und meine Eltern angeheitert. Ich will das erste Tischfeuerwerk starten. Papa und Klaus aus Westberlin nehmen eine der zwanzig Zentimeter hohen auf einer dreieckigen Plattform stehenden Säulen. Und versuchen die Gebrauchsanleitung zu entziffern. Jeder darf mal lesen. Auch die Frauen. Ja, alles klar. Auf Tisch Streichholz Zünd vorsicht Kopf schnell. Ich

freue mich. Was dann geschieht, damit hat niemand gerechnet. Gelbe rote blaue grüne Kugelblitze zischen erst gegen unsere Zimmerdecke. Und breiten sich dann unkontrolliert im Rest des Zimmers aus. Ein bisschen wie Billardkugeln. Es raucht pufft knallt zischt. Alle in Deckung. Mamas Falkensteiner Musselingardine aus dem Vogtland steht in Flammen. Papa ins Bad. Eimer Wasser auf die Fensterfront. Kleine schwarze Rußteilchen der Spitzengardine schweben langsam auf uns nieder. Da hat wohl jemand der Erwachsenen etwas überlesen oder missverstanden. Nur im Freien verwenden. Noch mal Glück gehabt. Hätte ja auch richtig böse ausgehen können. Im Vergleich dazu sind die echten Tischfeuerwerke danach kaum zu sehen.

Es ist zehn vor Zwölf und wir gehen alle auf den Balkon. Ich schmeiß Unmengen von Luftschlangen aus dem vierten Stock. Sie landen alle bei Frau Markus auf dem Balkon unter uns. Papa und Klaus lesen die Gebrauchsanweisung der Stabraketen jetzt gründlicher. Sehr moderne Teile. Mit modernem Anwendungstext. Ja, alles klar. Gut festhalten anzünden schnell weit Körper weg halten gut aufpassen oben. Achtung heiß.
Super. Ich halt die Rakete am Holzstab fest. Papa zündet. Als der Strahl die volle Hitze für die Schubkraft erreicht hat und die Rakete am Kopf hin und her wackelt, beiß ich die Zähne zusammen. So wie Alfons Zitterbacke beim Hardcoremehrstundenachterbahnfahrentest für ein Kosmonautenzertifikat. Jetzt fliegt der Kopf der Rakete ab und die Leuchtkugeln kommen mit unzähligen Schweifsassas und Knallopopallos aus dem Innern der Hülse. Etwa fünfzig Zentimeter von meinem Gesicht entfernt. Auch ohne Mamas und Papas Geschrei weiß ich, dass dies in etwa zwanzig Metern Höhe geschehen sollte. Bin ja nicht blöd. Ich

lass die Rakete los. Da keine Schubkraft mehr vorhanden ist, aber noch ausreichend Schweifknallleuchtkugeln, landen die Überreste meiner Rakete direkt auf Frau Markus' Balkon und setzen sämtliche zuvor durch mich deponierten verschiedenfarbigen Papierschlangen in Brand. Wunderbar. Silvester beendet. Feuerwehr. Ich muss dolmetschen. Am Neujahrstag bin ich berühmt in unserer Straße. Papa auch. Frau Markus stinksauer.

Mmhma. Küsschen.
Gute Nacht, Joscha, mein Lieber, Süßer. Schlaf gut. LaLa-Träum was Schönes.
Mmhma. Rechte Hand. Finger auf den Mund. Schnelle Bewegung weg vom Gesicht.
Winke, winke. Finger: auf zu auf zu. Mama. Arm Aase Buch. LaLaLand …
Tür zu. Licht aus.

Seit dem Tag der Beerdigung meines Vaters Gottfried bin ich nie wieder an seinem Grab gewesen. Ich liebe Friedhöfe, aber meine Trauer und Erinnerung hat einen anderen Ort. Abgesehen von dem Kummer, dass mein Vater nicht mehr seine Enkelkinder Mia und Joscha kennenlernen kann, weiß ich, dass er mich beschützt. Sein Lächeln. Von dem ich als Kind und Jugendlicher und bis heute nie genau wissen konnte: Geschieht es aufgrund von Wissen oder Nichtwissen? Im Alter von sechs oder sieben Jahren begann ich einen intensiven visuellen inneren Dialog mit meinem Vater. Wir haben nie viel miteinander gesprochen, klar. Aber ehrlich gesagt sind mir die Bindungen und Beziehungen am wichtigsten, in denen ich wenig sagen muss und sich der Kern eines Zusammentreffens in einem nicht sagbaren Bereich befindet. Während aller Premieren der letzten vierundzwanzig Jahre – er war bei keiner einzigen dabei – frage ich mich, ob er stolz auf mich wäre und ob er mich umarmen würde. Heute Nacht werde ich wieder nicht schlafen können.

MontKlamott auf dem Dach von Berlin. MontKlamott sind die Wiesen so grün. Dort hingen wir zum Wochenende die Lungen in den Wind. Bis ihre schlappen Flügel so richtig durchgelüftet waren. Sonntag Morgen um halb zehn. Nur Papa und ich. Drachensteigen. Am Abend zuvor. Schnur auf ein Holz gewickelt. Unmengen Kilometer. Wollte ihn weit und hoch. Er flog am höchsten. Am allerhöchsten. Der Schwanz aus betongrauem Toilettenpapier. Leider hatte ich das Ende der Schnur nicht am Holz festgebunden.

Heute Nacht werde ich nicht schlafen können.

Wozzeck kehrt zurück

Kommt, ihr kleinen Krabben! Es war einmal
ein arm Kind und hatt' kein Vater und keine
Mutter, war alles tot, und war niemand mehr
auf der Welt. Alles tot, und es is hingangen und
hat gesucht Tag und Nacht. Und weil auf der
Erde niemand mehr war, wollt's in Himmel
gehn, und der Mond guckt es so freundlich an;
und wie es endlich zum Mond kam, war's ein
Stück faul Holz. Und da is es zur Sonn gangen,
und wie es zur Sonn kam, war's ein verwelkt
Sonneblum. Und wie's zu den Sternen kam,
waren's kleine goldne Mücken, die waren
angesteckt, wie der Neuntöter sie auf die
Schlehen steckt. Und wie's wieder auf die Erde
wollt, war die Erde ein umgestürzter Hafen.
Und es war ganz allein. Und da hat sich's
hingesetzt und geweint, und da sitzt es noch
und is ganz allein.

Georg Büchner,
vertont in WOZZECK *kehrt zurück*

GEBÄRDENMENSCHEN SIND in der Sprache.
Meine Eltern haben mir alles von den Augen abgelesen.
Was sie nicht sehen konnten, blieb unbeantwortet.
Verblieb einfach im: un.
Ich leide an Sehsucht.

Es gab mal eine Zeit, da nannten Mütter und Väter ihre
Söhne: Helmut. Ich bin lange nach dieser Zeit so genannt
worden. Das hatte Gründe:

Mboe
Ay
Paib
Fuschaeba
Aaelmune
Leum
Handschuldeckt
Uulau
Aba

Gebärdenmenschen nutzen Teile ihres Gehirns zum Sehen,
die eigentlich zum Hören vorgesehen sind. Wahrnehmungen über die Augen werden also nicht nur im Sehzentrum
verarbeitet, sondern zusätzlich in den Bereichen, die für die
Akustik zuständig sind. Gehörlose reagieren schneller auf
Bewegungen als Hörende. Das Gehirn ist ein extrem flexib-
les Organ, gerade wenn es um komplexe Funktionen wie

Sehen oder Hören geht. Beim Fehlen eines Sinnes organisiert sich das Gehirn neu. Offenbar übernimmt die Sehrinde im Gehirn blinder Lebewesen andere Aufgaben und schärft so die Sinne. Eine Art effektive Umverteilung.

CHOR
Da musst du selbst wissen, ach, draußen schlimm ganz
schmutzige Straße und viel schlimme Tau und Sau.
Bitte sofort heißes Wasserbad. Klar!
Ach, ich werde erst wieder hier in die
kalte Winterlandschaft gewöhnen.
Heute war ich den ganzen Tag viel unterwegs.
Ganz schön warme SüßKörperÖl.
RotSamtWarm. AchKarlchenDu.
WOZZECK kehrt zurück

Annemarie. Meine Mutter. Die merkwürdigste und mutig-starrköpfigste aller Frauen, die ich kenne. Sie war Neunundzwanzig, als sie Leipzig verließ und mit meinem Vater aus der gleichermaßen sicheren wie erdrückenden Obhut ihrer Familie nach Berlin floh. Die beiden hatten sich Ende der fünfziger Jahre bei einem Sportfest der Gehörlosen kennengelernt und heirateten nur kurze Zeit später. Meine Tante Käthe, Annemaries hörende Schwester, fand diesen Mut zum Leben selten. Oder nie. Sie starb mit Sechsundfünfzig in der Wohnung meiner Großeltern. Meine Mutter meinte immer: Käthe Weltangst. Ich fühlte damals als kleiner Junge sehr genau Käthes Bedauern angesichts ihrer jüngeren Schwester. Neid gepaart mit Bewunderung. Und sicherlich auch Verzweiflung, dass sie, die Ältere, ohne Mann und Kindern, bei den Eltern in der Robert-Blum-Straße Leipzig Schönefeld zurückblieb. Annemarie war immer präsent und tapfer. Stimme Mama wie Bassklarinette. Tiefe Lage.

CHOR

Bitte nicht stören sein!

Ach, ich habe schon gedacht, ach, hat früher mir erzählt,

ist sehr, streng streng, nicht gute und

auch schimpft so stimmt!

Bitte sei freundlich, bitte sollst du nicht,

ach sehr undankbar,

Ach Süßer, du bist sehr dumm,

ja, stimmt, du bist wunderbarsehr gute und sehr liebstolz.

Aber bitte mußt du selbst viele Leben brauchen.

Bitte macht du immer was alles Schluss.

Ich hoffe, dass du gut zusammen passen wirst.

Hase, schlaf doch.

WOZZECK kehrt zurück

Die Gebärdensprache funktioniert durch und über das Sehen. Für existenzielle Situationen ist sie das wohl denkbar unfähigste Kommunikationsmittel.

Sehsucht. In aller Stille.

Bis ich in der DDR in die Schule kam, fühlte ich mich in der Gebärdensprache geborgen wie niemals mehr danach. Mein erster Schultag an der 26. Oberschule Kurt Römling im Friedrichshain glich einem missvergnüglichen Schlussakkord und beendete den letzten Sommer meiner Kindheit. Schon die Vorgespräche ließen in mir ein Gefühl von Ohnmacht und Ausgeliefertsein aufkommen und verdrängten die Freude darauf, was in der Schultüte war und was wohl noch Aufregendes kommen möge. Ich war es, der alles übersetzen sollte. Dort saß und versuchte, zwischen dem Schuldirektor, den Sekretariatsdamen, meiner zukünftigen Klassenlehrerin Frau Dargel, einem kleinen, graublauhaarigen

Großmütterchen, und meinen Eltern zu vermitteln. Es war, nach meiner Geburt, sicherlich auch die größte Veränderung im Leben meiner Eltern. Ich wurde spätestens zu diesem Zeitpunkt das fehlende Brückenglied zwischen ihnen und dem Rest der Welt. Spielte eine Rolle, die uns alle überforderte, auch die Erwachsenen. Ich musste meinen Eltern übersetzen, was ich selbst nicht verstand: die Tagesschau Zeitungsartikel Einkäufe Arztbesuche. Sollte mit dem Meister im VEB Damenoberbekleidung oder vom RAW Schöneweide telefonieren. Mit der Polizei sprechen oder eine Urlaubsreise organisieren.

Meine Eltern versprachen mir am Vorabend des Zahnarztbesuches einen Flitzebogen. Praxis in der Kinderundjugendzahnklinik Berlin Friedrichshain. Es riecht nach Zahnarzt. Kaum zu ertragen. Der Zahnarzt begrüßt meine Mutter und redet erklärend auf sie ein, was nun alles folgen und gemacht werden soll. Ich rufe von unten nach oben, dass meine Mutter gehörlos ist. Sie müssen mit mir sprechen. Der Arzt zu mir: Gut Helmut, bitte sag deiner Mutter, wir müssen heute einige Bohrungen und eine kleine ZahnOP durchführen. Es wird nicht schlimm werden, aber sie muss bitte einen Bogen ausfüllen und unterschreiben, dass sie zustimmt. Ich übersetze und falle dabei fast in Ohnmacht. Mir ist schlecht, ich will weg. Brauche keinen Flitzebogen mehr. Mama und ich füllen den Fragebogen aus. Sie unterschreibt. Schon liege ich auf dem Stuhl. Grelles Licht. Meine Mama sitzt hinten links in der Ecke auf einem weißen Hocker und schaut. Sie wird nicht hören, nicht wenn ich gleich anfange zu schreien. Zu brüllen. Sie hört auch nicht, wie der Arzt und die vorerst noch eine Sprechstundenhilfe laut auf mich einreden. Sie hört auch nicht die Schwester, die von hinten meinen Kopf an den Ohren festhält und sagt: Ganz ruhig.

Ganz ruhig. Sie sieht nun die zwei anderen Schwestern aus dem Nebenraum kommen, die jeweils mein linkes und rechtes Bein festhalten. Sie sieht die weiteren beiden Schwestern, die meinen linken und meinen rechten Arm auf jeder Seite festhalten. Der Arzt bohrt kratzt hebelt ruckelt schabt. Ich schreie so laut ich kann. Meine Mutter hört nichts. Mama hört mich nicht. Ist auch besser so. Aber sie sieht sieben Menschen in weißen Kitteln um ihren Sohn herumstehen und ihn festhalten. Der Zahnarzt ist dann sehr unfreundlich zu mir. Ich soll mich nicht so bewegen und aufhören zu schreien, sonst kann er nicht arbeiten. Endlich kann ich irgendwann den Mund ausspülen. Ich schwitze. Verabschiedung der Mutter. Auf Wiedersehen. Am nächsten Tag kaufen wir für mich einen Flitzebogen im Spielundsportgeschäft am Frankfurter Tor.

CHOR
Ach, ich habe auch erkältet, starke Schnupfen und Husten,
wegen Wetter und brrrr kalt,
da fühle mich draußen sehr wohl frische Luft, als Hause.
Bleib gut gesund.
Sehr, sehr, sehr liebe Grüße
AchKarlchen, Möhrchen, Du fehlst.

WOZZECK kehrt zurück

1971. 19:22 Uhr Sbahnhof Leninallee. Ich in jeder Hand einen kleinen Koffer und auf dem Rücken einen Rucksack. Während die Sbahn einfährt, öffnet einer von den halbstarken Jugendlichen die Schiebetüren und springt lässig aus dem noch fahrenden Zug. So und nicht anders will ich auch in den noch fahrenden Zug einsteigen. Das uncoole Fach Physik und die Trägheit der Masse hatte ich noch nicht in der Schule. Mein linkes Bein berührt schon nicht mehr den

Sbahnboden. Der Koffer der linken Hand entschwebt plötzlich in Richtung Decke. Der Koffer der rechten Hand findet sich an der Außenseite des rechten Knies wieder. Erst mit der Schulter, dann mit der gesamten rechten Gesichtshälfte knall ich auf den Boden der immer noch fahrenden Sbahn. Als wären die zwei Wochen Fieber und Ausschlag am ganzen Körper nicht schon genug an Reisevorfreudenaufgeregtheit gewesen. Aber es soll noch schlimmer kommen: Mama ruft meinen Namen. Sie hat kein Gefühl dafür, wie laut das ist. Und während ich falle und dabei höre, wie Mama meinen Namen ruft, seh ich aus den Augenwinkeln, wie definitiv alle sitzenden Fahrgäste mit einem Ruck, fast synchron aufspringen. Für diese Fahrgäste ruft in diesem Moment die Mutter nicht nach ihrem Kind. Aber ich kann mich ja nun nicht um alles kümmern.

Hööeulllmmuuuhhmmmhhttttääääääeeeoooottthhhh.

Lauter als das Sbahnhorn. Für die Ohren der des innerhalb im Waggon Mitreisenden, auf alle Fälle gefährlich. Achtung. Wegrennen. Bombe oder so. Und damit nicht genug. Jetzt reden auch noch beide, Mama und Papa, auf mich ein. Teils aus Angst um mich. Teils aus Ärger auf mich. Und aus Reiseaufgeregtheit. In diesem Moment würd ich mich gern in einen der Koffer verwandeln.

Die Blicke der fremden Leute kann ich nicht vergessen.

21:45 Uhr Flughafen Schönefeld. Ein Fensterplatz muss es sein. Unbedingt ein Fensterplatz. Links oder rechts vom Gang. Völlig egal. Jede Minute in diesen acht Wochen, seit die Reise feststeht, hab ich mir den Blick aus diesem Flugzeugfenster vorgestellt. Vor dem Start bekomm ich einen Bonbon. Von der netten Stewardess mit der Kappe auf dem Kopf, die mit einer Haarnadel befestigt ist. Dann bin ich erst wieder am Set, als Mama mir sanft übers Gesicht streichelt.

Mist. Nicht nur den Start verpennt, sondern auch den ganzen Flug. Und obendrein auch noch die Landung. Auf der Gangway stinkt Sofia nach Kuhkacke und die Luft fühlt sich an wie die aus einem Schlauchfön im Schwimmbad. Meine neue Taucherbrille geht gleich am ersten Morgen beim Reinspringen ins Schwarze Meer kaputt, weil ich eine herannahende Welle nicht einordnen kann. Sie knüllt mich zusammen wie ein Stück Zeitungspapier und wirft mich innerhalb von fünf Sekunden zerknittert und verwirbelt an den Strand zurück. Übrigens, dieselbe Dreiecksbadehose wie die in der Seegeschichte ist mir bis zu den Knien runtergerutscht. Sprung in der Scheibe. Salzwasser läuft rein. Als sich dann auch noch bei einem Tauchversuch die etwas zu groß gekaufte (weil wir immer alles etwas größer kaufen) Schwimmflosse vom linken Fuß löst und im Meer versinkt: Ferien im Arsch. Und was mach ich jetzt die restlichen vier Wochen?

CHOR

Eben zurück zu Hause, heute früh war
ich um 8 Uhr waschen.
O, heute früh stehe um 6 Uhr auf, gleich schaue, o,o,o,
schöne Überraschung,
o, vielen vielen lieben, ja, freue mich sehr überalles.
Oh, ach, Du bald möcht ich gern LustMaus.

WOZZECK kehrt zurück

Ich wartete. Meine Mutter arbeitete im Dreischichtdienst als Büglerin. Sie kam manchmal sehr spät, kurz nach Mitternacht aus der Grünberger Straße nach Hause. Ich wartete. Sie schloss auf, stellte die Taschen ab. Ging ins Bad. Wusch sich. Ich hörte das Wasser. Ich hörte ihre Laute beim Gesichtwaschen. Dann bereitete sie das Frühstück für den nächsten Tag vor. Ich wartete. Sie kam ins Schlafzimmer.

Mein Vater schnarchte. Sie beugte sich vorsichtig über mich. Ich wartete. Sie berührte mich. Vorsichtig an der Schulter. Seife, Zahnpasta. An der Stirn. Ich wartete. Tat, als würde ich schlafen. Mein Bett stand direkt neben dem Kachelofen. Frische Bettgarnitur raschelt weiß. Drei Betten im vierten Stock, in einem Zimmer mit Balkon. Grünblick

CHOR
Ja, schön Blumenstrauß malen.
Es tut mir leid, dass dein Knie Schmerzen hat.
Vielleicht mußt du hoch Bein Ruhe liegen.
Ganz bin ich allein Ruhe, auch was wischt alles sauber.
Da gefällt er sich wirklich hier sehr gut,
beiden verstehen sehr gut.
Schade, kein schönes Wetter.

WOZZECK kehrt zurück

Die Muttersprache ist die Sprache, die man sozusagen automatisch ohne formalen Unterricht in seiner Kindheit erlernt. Ohne dass man jetzt schon unbedingt die Grammatik und Syntax genauer erklären könnte. Man nutzt sie einfach. Nach der Geburt ist der Unterschied beherrschbar zwischen belebten und unbelebten Dingen der Umgebung. Dinge, die sich bewegen oder die sich nicht bewegen.
Meine Muttersprache ist eine Bewegungssprache.
Bevor ich mir die Sprache der übrigen Welt halbwegs zu Eigen gemacht hatte, ich nenne es heute imitieren, musste ich sie erlernen. Was damals definitiv ein Nachteil war, erwies sich etwa 35 Jahre später als ein Vorteil.
Ich war zwischen vier und fünf Jahre alt.
Vielleicht hab ich sie nur immer missverstanden.

Grünfarbeblau
Stummstill Sehr warmmüde Wasserschleim
Viel still und Schweigen auf ganzen Welt.
Seerutschsand Oh, viel weint. Schleimwassersee
Ach, dass schon zu früh Herbstwetter.
Glattspiegel
Sehen über schöne Seebrückenmeer.
Kaltluft Schwachgrünblaue Filterlichtfarbe
Tunnelgraben Nebeldünnrauch
Seemeerschwimmen

WOZZECK kehrt zurück

Bei Schwester Anemunda gab es kein Lachen. Wenn sie etwas in der Richtung versuchte, sah es aus, als wären die schmalen LEDkaltviolettLippen zugetackert. Und das Weiß der Zähne blitzte nur kurz hervor. Wie beim Wolf im russischen Trickfilm *Nu Pagadi*. Links an der Wand hing ein großes Kruzifix. Die Einsneunzigmeterganzinschwarzweißgekleidete war Kindergärtnerin des katholischen Kindergartens. Reingeschmissen dort ins Fremdleben der Anderen, der Fremdhörenden. Haölmune wurde immer wieder eiskalt geduscht und musste dann nackig im Flur stehen. Zum Mittagsschlaf standen die Feldklappbetten alle im Spielzimmer. Nur Gabi, Holger und er mussten in der Regel im Flur schlafen. Unter Sonderaufsicht. A kam. Haölmune hat Schweißpanik, wenn er es gebärden soll. Wem eigentlich? Sie flüstert: Dreckig. Immer dreckig, dreckig. Er hat es zu diesem Zeitpunkt als eine Art Bestrafung empfunden. Die Schläge waren dabei noch das Erträglichste. Er wusste nur nicht genau wofür. Dieser Dreck ging wieder ab. Jeden Samstag wurde der Kohlebadeofen angeworfen. Innere Verwüstungen blieben.

Bevor sie das Zimmer verlassen, stehen die Gestalten wieder über dem Bett und machen seltsame Zeichen mit ihren Händen. Fällt ihnen schwer, weil sie die Arme voller Apfelsaftflaschen haben. Geheimzeichen. Sie werden mich nicht verraten. Intmpfd Chyieyz Snafmpvt Phyxq Ksnipfgmp Csnpfgl Hyjp Niukpyp.

Meinen Eltern wurde von Amts wegen versucht zu vermitteln, dass ich einer Vorschulerziehung bedürfe, um richtig sprechen zu lernen und mit anderen, sprich: hörenden Kindern und Menschen zusammenzukommen. Die Vermittlung bestand im Austausch von Zetteln, als Übersetzer konnte ich damals ja noch nicht dienen. Es war ein Desaster für alle an diesem Versuch Beteiligten. Und meine erste Ahnung, dass ich in dem Dazwischen hängenbleiben werde. Mein ganzes Leben lang.
Ich hatte kein Vertrauen. Und wie sich zeigen sollte gab es überhaupt keinen Grund optimistisch zu sein.

Man suchte nach anderen Möglichkeiten. So kamen wir zu einer wundervollen Familie. Dort waren acht Kinder, in Orgelpfeifenabständen. Und ein Dackel, ein Nymphensittich und ein großes Aquarium. Mit ihnen verbrachte ich die Tage, nachdem meine Mutter mich morgens gebracht hatte. In der Parterrewohnung roch es nach modrigdunkelrotgrünkühlem Keller. Ein Flur, der einem Irrgarten glich, in dem ich mich verlaufen konnte und der zu einem kleinen von riesighohen gelbgraurotbröckeligen Ziegelsteinmauern eingeschlossenen Minigarten führte.

reden ohne da mit quelle
mein oben auge sand gegen ich kraft
kommt von bin
wie welle stein
gegen sand ich kraft gras

How Fragile We Are

Kakao Butter Mama.

Haddock. Schellfisch. Codename der Royal Air Force zur
Bombardierung Leipzigs.
20. Februar 1944 3:24 Uhr Connewitz. Annemarie ist Vierzehn. Schläft in einem Zimmer, das die Größe eines Fensters
hat und die Länge eines Bettes. Sie teilt es mit ihrer Schwester. Aber Tochter Käthe sitzt mit Mutter Erna bereits im
Luftschutzbunker. Siebenhundert britische Bomber lassen
zweitausenddreihundert Tonnen Bomben auf die Wohnge-
biete im Süden fallen. Im Chaos dieses Bebens merkt Erna
irgendwann, dass Annemarie fehlt. Wo hast du Annemarie
gelassen? Fragt sie Käthe. Während Menschen in die noch
geöffnete Stahltür des Luftschutzbunkers drängen, presst
Erna sich dagegen und hinaus. Auf dem zweiten Treppenab-
satz steht vor ihr im Wechsel der Flakscheinwerfer ein kleines Gespenst. Mit Zöpfen. Die will sie nie aufflechten zum
Schlafen. Puppe in der Hand. Gespenst und Erna stummen
sich an. Erna kann in diesem Moment nichts sprechen. Annemarie bewegt sich nicht. Sie ist magerer als vor dem Zubettgehen. Auf dem Boden liegt ein zerbrochener Topf mit
Geranien. Als Mutter und Tochter sich in diesem Treppenhaus voller Nebelstaub gegenüberstehen, scheint es so, als
sei es für zwei Sekunden in der ganzen Stadt Leipzig still. Es
riecht nach gewelltem Leum. Feuer. Der Rauch mischt sich
mit dem Staub zerbrechender Steine. Aus der offen stehen-

den Tür von Frau Leber im zweiten Stock dringt eine Polka aus dem Radio. Beide haben tags darauf rot geweinte Augen. Jede zwei rote Murmeln im Gesicht.

Am 18. April 1945 marschieren UStruppen in Leipzig ein. Die Stadt sah aus, wie ein großes plötzlich aus den Händen fallengelassenes Marionettentheater.

Einszweidrei
die Mutter kocht den Brei
der Vater brät den Speck
und du bist weg.

Diesen Knall hörten wahrscheinlich alle in der Langenbeckstraße Eins bis Neun. Vor allem die Mieter im Eckhaus Dimitroffstraße und in der Zwei. Die Stille, die Stille danach war von einer Art Taubheit, die entsteht, wenn jemand ganz dicht neben dem eigenen linken Ohr eine Kleinkaliberpistole abschießt. Ganz ganz feine vier Millimeter große Glöckchen, etwa achtzig Stück, klingelten in vierhundert Meter Entfernung wie durch graublaue Watte. Dabei hatte ich nur unglaublichen Hieper auf Schokolade. Die, wie ich wusste, oben auf dem Küchenschrank in einer Blechdose verschlossen stand. Der Küchenstuhl, auf dem Papa um halb fünf Uhr morgens eine Tasse Bohnenkaffee trank und dazu ein Salzbutterbrötchen aß, war nicht hoch genug. Ich nutzte den Stuhl, um halbwegs problemlos auf die Anrichte des Küchenschranks zu klettern. Erst mit dem linken Knie, dann mit dem rechten Fuß nachgezogen und auf die Anrichte gesetzt, um sich hochzuziehen, um den linken Fuß neben den rechten setzen zu können. Hielt mich mit beiden Händen an den Türen des Schrankaufsatzes fest. Die Türen solcher Küchenschrankaufsätze hatten damals wunderbare kleine Ringe aus Messing um die Schlüssellöcher herum.

Piratengoldverziert. Die rote Blechdose mit der Schokolade stand genau in der Mitte beider Türen hoch oben auf dem Schrankdach. Es würde schon reichen, wenn ich halb hoch zu stehen kommen würde, die Knie gebeugt. In dem Moment, als ich merkte, dass das Durchdrücken der Knie allein nicht ausreichte und ich stärker mit beiden Armen an den Türschläufchen des Schrankaufsatzes zog, war es schon zu spät.

Plötzlich geschieht das, was man sonst nur aus Büchern vorgelesen bekommt. Augenblicke, die in Zeitlupe vergehen, deutlich, scharf und überzeichnet.
Der Junge spürt, wie er sich von der Wand, an der der Schrankaufsatz seiner Meinung nach befestigt ist, entfernt. Erst vielleicht zwei bis drei Millimeter, dann vier bis fünf Zentimeter, der Abstand wächst. Junge und Schrankaufsatz im wachsenden Missverhältnis zur Wand. Sie fallen zu zweit. Seiner Wahrnehmung nach etwa so, wie Armstrong auf dem Mond nach einem Sprung in die Schwerelosigkeit auf die Mondoberfläche zurückfiel. Der Junge fällt rückwärts, der Schrankaufsatz vorwärts. Zeitlupe. Aber keine Zeit für Reflexe. Junge schlägt hart mit dem Rücken auf den Küchenboden auf, Aufsatz nur einen Schmetterlingsschlag nach ihm. Direkt auf seinen Brustkorb, auf sein Gesicht. Mamas gutes und einziges Geschirr innerhalb weniger Sekunden an einem Samstagnachmittag zu achtundneunzig Prozent vernichtet.

Nachdem die Glöckchen der Kurztaubheit ausgeklingelt hatten, machte ich mich zittrig auf den Weg von der Küche über den Flur ins Wohnzimmer. Hinter der verschlossenen Tür saßen Mama und Papa. Halb besinnungslos vor Schock und Schmerz und Angst öffnete ich ganz langsam diese Tür, etwa in dem Tempo, in dem ich den Sturz erlebt hatte. Es war ganz ganz still. Nur ein feines metallisches Klickern war in der Luft. In diesem Wohnzimmer gab es ein dunkelrotes Sofa und zwei ebensolche Sessel, einen braunen Kachelofen, einen Fernseher und einen Holztisch. Mama saß in dem rechten Sessel in der Nähe des Ofens und hatte ein blaues und ein rosanes Wollknäuel vor sich. Die Fäden mündeten in zwei silberne dünne Speere und machten in den Händen der Mutter: chtik, schtik, tk, tke. Und fraßen die beiden Wollknäuel klein. Die Augen meiner Mutter waren hochkonzentriert auf den blauen und den rosanen Faden gerichtet, die jeweils zwei Mal um den linken und den rechten Zeigefinger gewickelt waren. Die Speere wirbelten wie im Schnellvorlauf. Sie strickte mal wieder einen Schal oder Strümpfe oder einen Pullover mit seltsamen Mustern. Papa saß links auf dem Sofa. Ich konnte nur seine Oberschenkel und die angewinkelten Knie sehen und die beiden Arme, die links und rechts diagonal zu den Papierseiten der Berliner Zeitung verliefen.

Den Urgeschirrknall, und damit hat der kleine Junge gerechnet, haben die beiden nicht gehört. Also ganz im Unterschied zu allen anderen Anwohnern im Umkreis von tausendfünfhundert Metern.

Ein äußerst skurriles Stillleben inmitten der kurz zuvor eingestürzten Küchensonnabendnachmittagwelt. Zwei Finger rechte Hand zweimal auf Mamas linke Schulter tippen. Oh, Mama schaut hoch. Alle vier Fingerkuppen der rechten Hand zweimal an Kinn tippen, linke rechte Hand Handflächen in Brusthöhe schnell aufeinander zu ohne Berührung. Rechte Hand und Handfläche ausgestreckt, schnelle Bewegung zum Oberkörper, dabei Hand schließen. Linke und rechte Hand in Brusthöhe zweimal aufeinander zu bewegen, dabei bilden Daumenkuppe und Zeigefingerkuppe einen Kreis. Linke Hand in Bauchhöhe gestreckt Rückseite nach oben, rechte Hand gestreckt zwei Kreisbewegungen über linken Handrücken. Mein Papa liest noch. Mama sieht mich und weiß: schlimm. Sie lässt Stricknadeln und Wolle fallen. Linke und rechte Handflächen nach oben, Daumen gespreizt, zwei kurze Bewegungen nach innen.

Hört doch auf damit! Hört endlich auf!
Der Krieg ist doch vorbei.

Ach, ich habe schon eine Familie an dir geschrieben, vielleicht hast du alles vergessen, bitte wo viele Papiere bei dir. Ja, ich soll nochmal einschreiben – Papa Bruder – Jahre alt gestorben – unfall über Riesa – Elbetod – Alexander 10. September 1990 – Unfallstod in Berlin – Charlottenburg – geboren 9. März 1949 – Eilenburg – Papa geb. 6. August 1914 – 21. Oktober 1994 gestorben! Oma geb. 22. August 1902 – gestorben 12. März 1989! Schwester geb. 14. Januar 1928 – gestorben 21. Juni 1984 – wegen Krankheit! Familie als Botschaft – Onkel, Tante von dir – schon lange gestorben. Ganz still! Verwaltung + Kinderamt + Arzt + Friedrichshain, ach, alles vergessen! Ich hoffe, gut klar!?? Oh, jetzt regnet vorbei, ach kühl. Liebe grüße ach, ganz sehr, sehr, sehr, erstaunt, warum? Sehr, sehr schade + sehr traurig + nicht, nicht schön. Mir gefällt es gar nicht! Kein Zweck! Stille! Klar! Ich versuche gute Hilfe! Noch abwarten! Stille! Still! Aber nicht Schlimm! Bitte stille Ruhe! Klar! Oh, ach, hier kommt kein Regen, bei dir Regen? Ach, sehr heiß, aber bitte sehr Vorsicht, bitte bleibst du deinem Körper gut gesund. Vorsicht Hitze! – Danke, es geht mir immer gut, ach, wieder ein bisschen heiß. Ich auch viel alleine Ruhe bin, niemand hören, ganz still! Habe auch lange nicht gehört von Gehörlosen, ganz Still, bitte vorsicht langsam Ruhe + gut richtig Schlafen + gut Esse. Endlich Donnerstag bis Freitag hat viel schön geregnet, endlich heute schön frisch kühl als Hitze. Ja über alles Welt schlimme Nachricht passiert. Ach, hier auch viel Regen. Oh, endlich wird heute wieder gutes Wetter, ach, vorige Woche schlimmes Wetter, Regen.

Jetzt gehe zum kl. Einkauf.

Auf Wiedersehen, Mama.

Hey you, out there in the cold, getting lonely, getting old, can you hear me?

Roger Waters/Pink Floyd

UnsichtbarLand

*Die Nacht war wie ein Stuhl und ich setzte
mich darauf. Und schrie.
Der Himmel war meine Zunge.*

Hermann Kesten, *Die Kinder von Gernika*,
vertont in *Goya II – Yo lo vi*

UNTER DEM Begriff Verismus wird eine extrem naturalistische Darstellungsweise verstanden. Ich bin ein veristischer Komponist. Einfach gesagt ist der Verismus eine radikale Form des Realismus. Sozialkritisch und engagiert beleuchtete und sezierte der Verismus die gesellschaftlichen Zustände der zwanziger Jahre. Seitdem hat sich nicht besonders viel verändert, was das Oben und Unten anbetrifft. Soziale Ungerechtigkeiten und Verelendung in den Großstädten sowie das unsichere Schicksal der an Leib und Seele gebrochenen Kriegsheimkehrer sind typische Themen der Zwanzigerjahrekünstler, die sich dieser Ästhetik verschrieben hatten. Die Kritik richtete sich besonders gegen die staatstragenden Kräfte. Gegen Krieg und Militär. Gegen Kapitalismus und Bourgeoisie. Diese Künstler spielten eine besonders wichtige Rolle im Bereich der Bildenden Künste. Malerei Druckgrafik Zeichnungen Karikaturen Fotomontagen. Film: Sagt, was ihr seid. Nicht, was ihr gern wärt, und auch nicht, was ihr sein müsstet. Diese zwei Sätze von John Cassavetes, dem Poeten des Nichtperfekten, stehen wie ein Motto am Anfang und Ende meiner Musiken.

Ja, eindeutig: meine Arbeit mit Klängen ist ein und dieselbe. Vielleicht habe ich noch dazu einen starken Hang zum Verschlüsseln und Verwandeln. Aber im Grundsatz bin ich ein veristischer Komponist. Ich komponiere caravaggismo. Nach Caravaggio benannter krassester Realismus. Mit Schnitthelldunkelmalerei. Ohne dabei die Kunst und Poesie abzuschaffen. Ähnlichkeiten bei Bacon im Verhältnis zu van

Gogh und Velazquez. Picasso und Rembrandt. Klennert und Goya oder Heartfield oder Dürer, Holbein d. J. und Cranach.

UnsichtbarLand. Es geht, wie immer und auch korrekterweise, um Macht, Tod und Liebe und um die Kämpfe des ururalten Ariel, von dem niemand weiß – auch nicht Sir William Shakespeare –, woher er kam, um uns Menschen zu lehren, mit der Macht, dem Tod und der Liebe umzugehen. Und genau dies spielt sich auch im Orchester, in den Gesangsstimmen, im Chor und den Soloinstrumenten ab, sehr viel verborgener natürlich als fürs Auge oder den Verstand wahrnehmbar. Aber man sollte es fühlen können: Wie das Orchester in der Nacht versinkt und der Chor in schäumenden Sturmwellen ersäuft. Wie die Sänger und Sängerinnen zeitweise aus Angst vor dem Unsichtbaren die Stimme verlieren und von den gehörlosen Luftgeistern Ariels Gebärden lernen. Der Vater um seine Tochter bangt.
Und Ariel ist einfach nur müde und sehnt sich nach seinen fernen Sternen.

UnsichtbarLand. Jede Orchestergruppe und jedes Instrument des Barockensembles, jede Gesangsstimme, jedes der drei Soloinstrumente, jede Bewegung, jeder Laut, jeder Klang des elektronischen Surroundsounds ist eine direkte Einszueinsübersetzung des letzten Werkes von Shakespeare. *Der Sturm.* Sie alle werden zu Personen auf der imaginären Bühne hinter der, die wir sehen. Bilder an Wänden und Worte aus Büchern. Die Klänge stemmen sich gegen das Verlieren und Vergessen und leben doch vom und durch das VERGEHEN. Durch ihre Tode. Sie müssen unbedingt unsichtbar werden, um die größte ihrer Wirkungen zu entfachen.

Das Verschmelzen von Gebärde und Klang, das Verfließen vom Jetzt mit Vergangenheit ist eine jener Berührungen, die nur in der Oper zu erleben sind.

Und wieder, nur einen Augenblick lang, ganz kurz steht die Welt still. Und bevor jeder wieder hinaustritt, hat vielleicht diese Berührung mit dem Unsichtbaren eine Verwandlung oder ihren Übersetzer gefunden. Eine Berührung mit dem Versprechen, das uns die Musik gibt.

Ich komponiere egal was. Aber immer Blues. Blues ist die ehrlichste Ausdrucksform für die menschliche Angst. Den menschlichen Schmerz. Das Unaussprechliche und Unsichtbare findet Ausdruck. Bluesklänge sind wie Gebärdensprache. Miles Davis Jimi Hendrix Chet Baker Charlie Parker Christian Scott Frank Zappa. Und so weiter. Sie alle gebärden und singen im Blues auf ihren Instrumenten.

traurig reden, ohne zeigen. Worte in meine
immer ich Meer
bin Stein
ohne ich Stein Name.
ohne mit Quelle. Wort
mein Obenauge das Meer
bin Stein gegen

How Fragile We Are

Blues ist eine so verführerische Mischung aus Gewalt, Verzweiflung (Glaubeliebehoffnung), Sarkasmus, vor allem aber Demut. Fuck off, so what. Und die Kraft, deren Motor Angst ist. Diese pseudomodernen Metropolenmusikanten, die Millionen von Platten und Eintrittskarten verkaufen und dabei über Brunnenbau in Afrika referieren, bei denen Dauerhupen zum guten Gesangston gehört. Bei de-

nen vorgefertigt schmackhaft zubereitete Plastikgitarren-
sounds schon die Krönung aller waghalsigen Experimente
darstellen – die wissen ganz sicher nichts über den Code
von Musiken wie: *Wish you were here Like a rolling stone
The Wind cries Mary All Along the Watchtower Hey Joe
Knocking on Heaven's Door Ohio Helpless Heart of Gold
The black page one Sunday Downward spiral*. Gar nicht
zu reden von *Meere Adieu Ashes to Ashes Deserts Survivor
from Warsaw. Heros. Goldberg Variationen* mit Gould. We-
berns *Opus 27*. Nonos *Prometeo*. Lachenmanns *Salut für
Caudwell*. Oder *Mouvement. Presence. Umkehr und Stille*,
die sarkastische Tafelmusik, *Roi Ubu* oder *Die Soldaten*
von Bernd Alois Zimmermann. *The Gates of Delirium* von
Yes. Und dann setzt plötzlich, wie aus dem Erdkern, dieser Bass ein. Bis dahin war alles ok. Ein gewalttätiger Bass.
Die Erde erschüttert. Ein Riss tut sich auf. Unerwartet beginnt eine vielfach gespaltene hohe MannFrauKnabenKind-
Stimme. Atemraubend. Himmel und Erde. Klang und Geräusch. *Like a Hurricane* oder *I'm not satisfied*.
Alle diese Musiken sind für mich bis heute sehr sonderbar.
Sonderbar auffällig. Verhaltensauffällig. Groß. Finster. Rät-
selhaft. Hell. Zugegeben hier und da auch ein wenig lächer-
lich. Peinlich? Stil kann man nicht kaufen.
Durchdrehen auch nicht.

Im Sommer 1980 wurde in der Danziger Leninwerft die
Kranführerin Anna Walentynowicz, Aktivistin der Opposi-
tionsbewegung, wegen ihrer Streikaufrufe und offenen Haltung gegen das politische Etablishment entlassen. In der
Belegschaft kam es zu Solidaritätskundgebungen. Der Elek-
triker Lech Walesa setzte sich an die Spitze des gegründeten
Streikkomitees. Am 17. August erweiterte sich dies Komitee
zu einem überbetrieblichen Streikkomitee. Mit der Absicht,

die Streikwelle ins Land zu tragen. Zulassung von freien Gewerkschaften, Forderung nach wirtschaftlichen Reformen und Infragestellen des Machtmonopols der PVAP. Im Herbst wurde Lech Walesa zum Vorsitzenden der Solidarnosc gewählt. Nach 1956 in Ungarn und dem Achtundsechziger Prager Frühling sang der Kreml erneut das Lied von der antisozialistischen Provokation: Auf ins Militärmanöver an die polnische Grenze. Am 13. Dezember, nach allen erdenklichen Zuspitzungen, rief Jaruzelski das Kriegsrecht aus. Die Bruderarmeen des Warschauer Paktes waren in höchster Alarmbereitschaft. Einundvierzig Jahre nach dem Einmarsch der deutschen Wehrmacht in Polen standen nun ausgerechnet die Deutschen Truppen der NVA in Reih und Glied. In allen polnischen Städten fuhren Panzer auf. Polnische. Die eigene Polizei schlug gemeinsam mit den Militärs alle Streiks im Lande brutal nieder. Die Aktiven flohen in den Untergrund.

Januar 1981 21:40 Uhr Sbahngleise nahe Bahnhof Friedrichsfelde. Thomas genannt Moses, Jörg genannt Der Knöfel und ich genannt Webster. Wir drei lebten Anfang der achtziger Jahre auf einem Bauernhof, Kommune, gemeinschaftlich mit allem Pipapo und einem Hahn mit sechs Hühnern. Wir machten uns eine Zeitlang Shampoo aus Brennnesseln und Eigelb. Versuchten uns im Anbau von Kartoffeln. Grüne Bohnen Möhren Salat Plumpsklo Wasserpumpe und so. Wunderbar wichtig für definitiv jede Lebenslage, die danach kommen sollte. Ich versuchte Tolstoijaner zu sein. Lebte drei bis fünf Tage einsam auf einem Hochstand. Vor allem redete ich gequirlten Krimskrams. Es klang, wie wenn man *Das Glasperlenspiel* mit *Der Idiot*, *Krieg und Frieden*, *Haben oder Sein* sieben Minuten in einem Handkurbelküchenmixer wirbelt.
Keinen dieser Schritte werde ich je vergessen.

Es war eine ZauberZeit! Stark und Stärkend.
Ein fortwährendes Ich im Wir. Und Wir im Ich.
Jedenfalls. Wir gehen also damals mit einem Topf schwarzer Farbe und zwei Pinseln zu der weißgetünchten Friedhofsmauer, an der wir jeden Tag vorbeilaufenfahren. Einer steht Schmiere. Die anderen beiden pinseln. Zwei Tage lang sehen alle Fußgänger, Autofahrer und Sbahngäste der Linie Alex–Kaulsdorf den fünfzehn Meter langen Schriftzug. SOLIDARNOSC. Schief aber lesbar. Erst nach zwei Tagen reagieren die Fassadenmaler des Apparats. Alles wieder weiß. Wir fühlen uns wie Die Rote Kapelle. Partisanen.

(Berlin, Nacht vom 17. zum 18. Mai 1942)
Zettelklebeaktion in verschiedenen Berliner Stadtteilen:
STÄNDIGE AUSSTELLUNG
Das NAZI PARADIES
Krieg Hunger Lüge Gestapo
Wie lange noch?
Besonders die Jüngeren traten für diese Aktion ein,
sie wollten nicht immer nur reden.
Ungefähr 15 Personen beteiligten sich, Schulze-Boysen, in
Uniform und mit gezogener Pistole sicherte
die Klebeaktion am Sachsendamm.
frei nach Peter Weiss, *Die Ästhetik des Widerstands*
vertont in *QUIXOTE oder Die Porzellanlanze*

Meine musikalischen Idole waren und sind vor allem immer Gitarristen gewesen. Hab mir Bob Dylan, David Gilmore und Neil Yong am Kassettenrecorder abgehört.
Crosby, Stills, Nash and Young. Als die mit ihren dicken Plauzen auf der Bühne stehen die Hälse recken um ihre Gitarren zu sehen. Toll. Denn während dieses Suchens fordern sie quasi zeitgleich die Amtsenthebung von Präsident Bush ju-

nior. Wegen des zweiten Irakkrieges. Während des ersten war Neil Young auch schon auf der Bühne und protestierte gegen Bush senior. Sein Projekt *Living With War* war eine offene Kampfansage an George Doubleyou Bush. In den landesweiten Livekonzerten dieses Projektes buhte ein nicht kleiner Teil des Publikums Crosby, Stills, Nash and Young lauthals und patriotisch aus. Für viele ihrer Fans war das eine Zumutung. Die wollten lieber was fürs Herz. Einen herzerwärmenden Song. *Heart of Gold*.

Dein Daddy wird nicht mehr nach Hause kommen. Singt Neil Young in *Love and War*. Einer der wenigen populären Musiker, die das unpopuläre Wort Krieg noch aussprechen. Anders als der Vietnamkrieg finden die heutigen amerikanischen Kriege in der Popmusik kaum eine Reaktion. Nur der alte Young hört nicht auf. Auch auf dem neuen Album. Liebe und Krieg. Ein Titel fast wie ein Roman von Tolstoi. Nur die Toten, schrieb Plato, haben je das Ende eines Krieges gesehen.

Ich drücke die Tasten und halte meine Klampfe: vor zurück vor zurück.

Vor allem auch die Lieder von Víctor Jara. Er wurde von Pinochet während des Putsches gegen Allende im September 1973 festgenommen, ins Estadio Chile gebracht und gefoltert. Hier entstand sein letztes Gedicht: *Somos cinco mil.* Wir sind fünftausend. Später brachen sie ihm die Hände. Damit er nicht mehr Gitarre spielen und dazu seine Lieder singen konnte. Die Soldaten meinten, er solle doch einfach weitersingen, wenn er ein Sänger sei. Und da sang Víctor Jara das Lied der Unidad Popular Venceremos. Wir werden siegen. Dann wurde er zusammengeschlagen und mit einem Maschinengewehr getötet.

Jimi Hendrix David Gilmore Brian May Andres Segovia Egberto Gismonti Reinbert Evers Al Di Meola Eric Clapton Ry Cooder Jimmy Page Kurt Cobain Frank Zappa Neil Young Bob Dylan Keith Richards Steve Howe Daniel Göritz Uwe Kropinski Helmut Joe Sachse Jörg Wilkendorf. Alle sind sie Helden und Revolutionäre auf Saiten.

Jörg Wilki Wilkendorf nutzt alles, was ihm in die Hände fällt, um auf der Gitarre zu zaubern. Rasierapparat Vibrator Handventilator Metallschwamm Eisenfeile Eierschneider. Immer als Matritze, schwerer Blues und Kreischpunk gepaart mit süßem Liebeslied. Es klingt so, wie Figuren auf Gemälden von Hieronymus Bosch aussehen.

Es ist kein Traum, als in der einen Nacht der Typ zu mir an mein Bett kommt.
Ich kann Träume und in echt ziemlich gut unterscheiden.
Er hat eine achtundvierzig mal fünfunddreißig handgemalte Replikation des Gemäldes *Tisch mit Szenen zu den Sieben Todsünden* unterm Arm geklemmt.
Er: Eh, Helmet, Hör ma.
Ich hab vor dem Zubettgehen schon meinen Tchiboschlafanzug (den, den mir meine Mutter jedes Weihnachten schenkt) angezogen. Da wird es plötzlich scheißekalt.
Mit einem Mal. Gänsehaut.
Jedenfalls. Ich schlaf schon. Warum auch immer, mach ich die Augen auf. Macht man ja manchmal im Dunkeln. Ich denk: Ist das Dein Mantel, der da hängt?
Na. Und da steht er. Ganz normal. Wie immer, sozusagen. Unser Alter ungefähr. Anzugträger, aber kein Schlips. Edel. Understated. Yamamoto oder so.
Und als hätt ich ihn erwartet. Ich weiß, wer er ist.
Na jedenfalls sagt er: Tschuldige. Schlechte Nachricht.

Ich: Bin ich jetzt schon tot?

Er: Ha. Hä.

Und so: Nee. Aber wenn ich's nächste Mal hier steh.

Ich: Mhmh. Hau in Sack Alta (hab ich so gedacht, sag ich) Seit meine Kinder zur Welt gekommen sind, bin ich angreifbarer und zerbrechlicher geworden. Stärker. Und unbesiegbar. Scheiß drauf. Wenn der Strippenzieher sagt: Jetze. Dann wird sowieso nix gequatscht.

Neuland. Mit der Dritten Symphonie betrat Beethoven fremdes Gebiet. Neuland. Bis dahin unsichtbares Land. Widmung an Napoleon. Der die gesellschaftliche Verfassung der Menschen in Europa anders gestalten wollte. Als Beethoven erfuhr, dass Napoleon sich zum Kaiser ausrufen und krönen ließ, wurde er stinkig. Ist der auch nicht anders wie ein gewöhnlicher Mensch. Nun wird auch er die Menschenrechte mit Füßen treten. Allein seinem Ehrgeiz frönen. Ein Tyrann sein. Arschloch. Soll Beethoven geschrien haben. Die Titelseite der Dritten Symphonie mit der Widmung zerrissen haben. Verwandelt vom Bewunderer Napoleons in einen offenen Feind des Diktators. Vielleicht wollte Napoleon deshalb Ende November 1805, eine Woche nach der *Fidelio*premiere, die Oper verbieten. So sagt die Legende.

Auch der bestens situierte Hofmaler Francisco Goya zählte zu den Künstlern, die in Napoleon und seine Ideen größere Hoffnungen setzten. Er schränkte Mitte der 1790er-Jahre seine höfischen Verpflichtungen ein und porträtierte, was er im täglichen Leben sah. Und auf dem Schlachtfeld. Eine Art Fotograf Kriegsberichterstatter Bildreporter. Lange vor unserem zwanzigsten und einundzwanzigsten Jahrhundert, in denen alljährlich Kinder fotografiert werden, die in Kriegsgebieten überleben oder im Müll aufwachsen und uns dann durch das Bild des Jahres aus unseren Zeitungen entgegenschauen. Wie das Uniceffoto des Jahres 2010: Ed Kashis Bild von einer neunjährigen Vietnamesin, deren Gesicht von den Spätfolgen des Gifteinsatzes im Vietnamkrieg vor fünfunddreißig Jahren gezeichnet ist. Oder der dritte Platz des Uniceffotowettbewerbs 2008: Ein Mann hält ein verwundetes Kind nach einem Luftangriff der USstreitkräfte in Yaka China im Korengaltal in Afghanistan. 2009 Platz Drei von Edwin Koo aus Singapur: eine Kindergruppe im pakistanischen Flüchtlingslager Sheikh Yasin, die mit Kannen in der Hand an den Bottichen der Ausgabestelle auf ihren Tee warten. 2008, die belgische Fotografin Alice Smeets: Ihr Foto zeigt ein kleines dünnes Mädchen, das wie ein Feenschauerschatten durch den größten Slum der haitianischen Hauptstadt Port-au-Prince läuft. Der zweite Preis 2010 ging an den Iraner Majid Saeedi. Er hat mit seiner Kamera festgehalten, wie die sechs Jahre alte Mina in Afghanistan einer Freundin die künstliche Handprothese ihres Bruders zum Spielen hinhält. Ein Foto, das jeder gesehen haben wird: 1972, 8. Juni. Hubschraubergriff auf Tran Bang. Ein kleines Dorf. Und Kim Phuc. Neun Jahre alt. Vietnamesin. Das Mädchen und andere Kinder des Dorfes versteckten sich in einem Tempel. Der Phosphor brennt sich in ihre Haut. Sie rennt schreiend um ihr nacktes Leben. AP-Fotograf Nick Ut erhält für diese Aufnahme den Pulitzerpreis. Ohne die Veröffentlichung wäre Kim Phuc gestorben. Sie erhielt Tage nach dem Abdruck eine Behandlung in einer Spezialklinik.

Goya, wie Beethoven von Napoleon und seinem Machtrausch enttäuscht, wurde zum Bildchronisten des Krieges, der gegen die spanische Bevölkerung geführt wurde. Achtzig Radierungen über die *Desastres de la guerra* fixieren vor allem die Auswirkungen auf Unschuldige und Wehrlose, unter anderem und vor allem die Kinder. Bis heute eine unfassbare atemstockende Dokumentation. Vor allem aber ist und bleibt sie eine Abbildung gesellschaftlich relevanter Vorgänge und Umstände zu einer Zeit, in der Medien noch nicht funktionierten wie heutzutage. Von niemandem bestellt, bezahlt und von Hof und Kirche schon gar nicht gern gesehn. Goya riskierte nicht nur seinen Job.

Goya wie Beethoven stellten sich mit ihren eigenen Mitteln den Auseinandersetzungen ihrer Zeit. Ein neuer Weg der Kunst. Sie erkauften ihren politischen Anspruch nicht durch Verzicht auf den ästhetischen. Beides musste zusammengehen. Wie im Blues oder Jazz oder Rock. Ihr Entschluss, zu künstlerischem Neuland aufzubrechen, wurde auch dadurch erzwungen, dass beide ertaubten. Durch Taubheit ins Abseits gerieten. Biografische Dramatisierung im Verhältnis von Individuum und Gesellschaft.

Ich stelle mir die Frage, wie sich Kunst in die Lebensfragen der Menschen einmischen soll. Darf. Oder muss. Das historische Gedächtnis spielt dabei eine entscheidende Rolle. Nicht nur als Katalysator. Inwieweit hat ein Künstler die Verpflichtung und Verantwortung, wahrzunehmen, zu sehen, erkennen und zu reagieren. Oder einfacher gefragt: Wie weit darf er sich aus dem Fenster lehnen?

Goya II – Yo lo vi
Großer gemischter Chor, Solisten: Knabenstimme, männlicher Gebärdensolist, Solokontrabass und Sprecher, Solo-Konzertgitarre (auch elektroakustische Gitarre und Banjo), SoloEGitarre. Drei Flöten (2. auch Altflöte, 3. auch Piccolo), zwei Oboen, Englischhorn, zwei Klarinetten, Bassklarinette, 2 Fagotte, Kontrafagott. Vier Trompeten, drei Hörner, drei Posaunen, eine Tuba, Pauken, Harfe, Klavier, Celesta, 1./2. Violinen, Bratschen, Violoncelli, Kontrabässe, sechs

Schlagzeuger: Snare, Vibraphon, Marimbaphon, Xylophon, Glockenspiel, Glöckchenbaum, Stahlblock, singende Säge, Plastiktüte, Pappe/Papier, Windmaschine, Snare, Gongs, verschiedene Becken, Kuhglocken, Almglocken, große Trommel, Crashbecken (übereinandergelegt und abgeklebt), Tamtam, Glaspendel, Metallpendel, Kette auf Blech, Kunststofflineal etc.

Goya II – Yo lo vi. Ein Memoratorium. Eine Arbeit des Denkens und Erinnerns. Nicht nur an Goya. Sondern auch an das, was er auf seinen rund achtzig Druckgrafiken darstellt: die geschichtlichen Begebenheiten aus dem Alltag des Krieges. Ins Gedächtnis graben sich die Bilder vom Leiden der Kinder. Auf der Radierung Nr. 44 aus den *Desastres de la guerra* erkennt man ein Kind und seine Mutter. Um sie her Getümmel von Menschen, die aus einer brennenden Stadt fliehen. Das Kind blickt entsetzt auf etwas, das der Betrachter des Bildes nicht sieht. Aber von dem er ahnen kann, was es ist. Unter dem Bild steht: *Yo lo vi.* Ich habe es gesehen. Der Satz trägt doppelte Bedeutung: Er bezieht sich auf das Kind und auf denjenigen, der die Szene festhielt. Vor Erfindung der Fotografie wurde der gehörlose Maler Francisco Goya zum Chronisten. Er zeichnete als Augenzeuge. Er legte Zeugnis ab. Bezeugte. Augenarbeiter.

Gedenken vergegenwärtigt Vergangenes. Trotz Distanz. Was Goyas Radierungen protokollieren, geschah vor zweihundert Jahren. Etwa hundertdreißig Jahre später wurde Spanien wieder Zentrum eines Krieges. Um die Macht in Europa. Mit General Franco und seinen Truppen und dem erfolgreichen Versuch, die spanische Republik zu stürzen und durch eine Diktatur zu ersetzen, begann sozusagen der Zweite Weltkrieg. Spanien war der Testfall. Die baskische

Kleinstadt Gernika wurde zum Höhepunkt der Grausamkeit in diesem Krieg. Die Flugzeuge der deutschen Legion Condor und einer italienischen Staffel zerstörten nicht nur die Stadt mit ihrem alten Kern, sondern bombardierten gezielt Flüchtlinge, schutzlose Menschen. Der Tod war schon an diesem Tag ein Meister aus Deutschland. Picasso hielt den Schrecken des 26. April 1937 in seinem *Guernica*bild fest. Nicht unbedingt realistisch. Eher als Aufschrei der gequälten erniedrigten Kreatur, zu der Mensch und Tier gleichermaßen zählen. Die Regierung der spanischen Republik wählte das Bild, das wenige Tage nach der Nachricht von der Bombardierung begonnen wurde, als offiziellen Beitrag zur Pariser Weltausstellung 1937. Es inspirierte in den folgenden Jahren und Jahrzehnten zahlreiche Komponisten zu musikalischen Werken, unter anderen auch Paul Dessau zu einem Klavierstück. Auch sie legten Zeugnis ab. Hörarbeiter.

> Schatten meiner Seele flieht ein Schwachlicht
> aller Buchstaben.
> Buchnebel und Wort.
> Nachtigall Vogel mein! Nachtigall Vogel! Du singst?

> *Schatten meiner Seele* von Federico García Lorca,
> übersetzt und vertont in *Goya II – Yo lo vi*

Goya II – Yo lo vi. Mein Memoratorium kreist um den einen Gedanken: Nimmt Musik, nehmen Komponisten und Musiker mit ihrer Arbeit Notiz von dem, was um sie her geschieht? Antworten sie darauf? Mischen sie sich ein? Wieviel Realität verträgt die Kunst, wieviel Kunst braucht die Realität? Goya gab ein Beispiel: Wer zwang den arrivierten Hofmaler und Akademiepräsidenten, als Bildreporter in den Krieg zu gehen und zu porträtieren, was die Menschen dort litten? Wie das Land aufschrie? Brüllte? Federico

García Lorca gab ein Beispiel: Er erforschte die Überliefe-
rung des Cante jondo, zu dem auch der Flamenco gehört,
gab Spanien ein Stück seiner volkstümlichen Überlieferun-
gen zurück, schuf damit eine Basis für den künstlerischen
Aufschwung, für den auch seine Dichtung steht, und prak-
tizierte den demokratischen Stolz auch im Widerstand gegen die Falangisten, der ihn das Leben kostete. Ein Beispiel
gaben die vielen Künstler, die sich auf der Seite der Republik im Spanischen Bürgerkrieg engagierten – kein anderer
Krieg mobilisierte so viele wie dieser. Die Geschichte wird
zur Aufforderung an die Gegenwart: Wir leben heute in
einem zerbrechlichen kleinen äußeren Frieden, aber wieviele
Kriege erschüttern rund um den Globus die Welt? Die halbe
Erdkugel ist voll von Flüchtlingen. Kunst, Musik muss auf
diesen Istzustand antworten. Ansonsten verliert sie weiter
ihre Glaubwürdigkeit. Nimmt Schuld auf sich. Und stürzt
in die komplette Bedeutungslosigkeit.

Goya II – Yo lo vi. Klangraum ist geschichtlicher Raum. In
dieser Partitur nahm ich Zeugen der Geschichte auf. Alte
spanische Musik aus der Renaissance. Ein Gitarrenstück
von Miguel de Fuenllana, der von Geburt an blind war, aber
zum bedeutendsten Virtuosen auf der Gitarre und der Vihu-
ela, einer iberischen Laute, wurde. Eine Musik seines Zeitgenossen Diego Pisador, über dessen Leben wir kaum Details
kennen. Manuel de Fallas *Asturiana* aus den *Sieben spanischen Volksliedern.* Paul Dessaus *Guernica*, das ich gleich
zu Anfang im Klavier herausquellen lasse, gehört als frühes-
tes Beispiel in die musikalische Auswirkungsgeschichte von
Picassos Gemälde. Hans Werner Henzes *Floß der Medusa*,
das dokumentarische Oratorium über eine Gruppe von
Menschen, die auf ihrer Fahrt in die vermeintliche Freiheit
Schiffbruch erlitten, geriet 1968 unmittelbar in die politi-

schen Auseinandersetzungen der Zeit. Die Premiere wurde unter Polizeigewalt abgebrochen.

Zitate weiten meinen Blick. Und den meiner Musik. Sie sind Momente des Dialogs, sie fordern mich zur Entgegnung und Zeugenschaft auf. Imaginäre Briefpartner. Gesprächspartner. Ein bisschen wie ein Kettenbrief. Oder sowas wie ein Schneeball. Der dann eine Lawine auslösen kann. Na ja, ich weiß. Vergiss es. Aber wie anders sonst?

1. Oktober 2008 Herbert-von-Karajan-Straße Eins. Zweite Probe mit Soli, Chor und Orchester in der Berliner Philharmonie. Einer der tieferen Streicher aus der zweiten Reihe macht mich fertig. Er schneidet Grimassen, macht den Dirigenten nach. Kichert bei Textstellen, die vom Chor oder vom Knabensolisten gesprochen werden. Versucht seine Kollegen zu animieren mitzualbern. Ich ertrag es nicht. Ich spüre, wie es mir wehtut. Er beleidigt mich, meine Musik. Die arbeitenden Solisten. Alle anderen Kollegen, die hier versuchen zum Gesamten, zum Ganzen zu finden. Er hat keinen Respekt. Weder vor mir noch vor dem Dirigenten noch vor den Toten und Lebenden, die in *GOYA II* besungen werden. Ein Idiot. Aber so einer kann alles zum Einstürzen bringen. Das kenn ich aus der Schulzeit. Gruppendynamik. Klassenreise oder Betriebsausflug. Einer hört nicht auf, Witze zu machen. Bis alle lachen. Und am Ende weiß keiner mehr worüber eigentlich.

Es ist Pause angesagt. Ich gehe zu ihm hin. Und beuge mich ganz dicht zu ihm. Damit niemand hört, was ich ihm sage. Aber alle schauen auf uns zwei. Aus den Augenwinkeln.

Mir fallen die Tauben von Tyson und die Typen der Gang ein. Und der von mir verehrte Hans Dieter Hüsch, der in einem seiner legendären Programme über die Hammondorgel hinweg den Zuhörern zurief: Und wenn sie kommen, dann empfangt sie mit Tauben. Hab ich hier in diesem Fall nicht wirklich geschafft.

Hätte ich ein eigenes Orchester, müssten die alle im Stehen spielen. (Außer vielleicht die Harfe und das Klavier.) Macht ja jede anständige Combo. Mehr Power und Dynamik, weniger Müdigkeit und das Gegenteil von Beamtenmikado.

Direkt vor der Premiere suchte mich eine der Streichinstrumentalistinnen auf. Sehr ernst. Ich denk, jetzt gibts Ärger.

Glauben Sie bitte nicht, dass er für uns alle spricht. Er benimmt sich immer so. Einige von uns hier haben auch Kinder, ich weiß was in dieser Musik passiert. Entschuldigen Sie bitte nochmals diesen Orchesterkollegen. Ich und die anderen stehen hinter dieser Musik.

Wir geben unser Bestes.

Am Konzertabend blitzte es aus allen Etagen des Orchesterschiffes. Es schwamm. Naja, die gesamte Philharmonie legte ab.

Als Musikant interessiert mich das Verwandeln von realen Geschehnissen in Musik und zurück. Das Imaginieren von etwas in etwas. Ähnlich verhält es sich bei Goya, der uns in *Yo lo vi* nicht zeigen wird, was das Kind sieht. Er könnte gut den Schrecken direkt zeigen. Das ist es aber, was politische Kunst für mich ausmacht: das Verbergen und das Provozieren des Blickes.

Und Goya lenkt mit seinem Blick auf das Kind, das den Krieg sieht, unseren eigenen Blick auch aufs Heute. Auf Menschen, die der Liste der anhaltenden bewaffneten Konflikte dieser Erde Gesichter geben: Südostasien/Burma seit 1948; West-Neuguinea seit 1964; Kolumbien im Süden mit dem ältesten Guerillakrieg, zwischen FARC und dem Militär und der ELN und dem Militär. Seit 1966 im Tschad.

Seit 1969 im Nagaland/Südasien, seit 1970 der Revolutionskampf der NPA auf den Philippinen, seit 1978 im Mittleren
Osten/Afghanistan, 1982 Naher Osten/Hisbollah gegen Is-
rael, 1984 TürkeiPKKkonflikt, seit 1987 Uganda, 1988 So-
malia, 1990 Kaschmirkonflikt, Indien/Assam, Senegal, Ca-
samancekonflikt, 1992 der Algerische Bürgerkrieg, 1997
der Revolutionskampf der Naxaliten in Indien, 1998/2003
Irakkrieg, 1999 Tripurakonflikt Indien, 2001 Afghanistan, Pakistan zwischen Sunniten und Schiiten, 2002 An-
gola Kampf der FLEC, 2003 Belutschistan, Darfur, 2004
Süd-Thailand, Jemen, Kaukasus, Nigeria, 2007 Aufstand im
Ogaden/Somalia-Region, Mali und Niger der Aufstand der
Tuareg-Rebellen. 2011: Tunesien Ägypten Libyen Syrien…
In unserer scheinbar frei zugängigen Medienwelt erhält
man vielleicht einen intensiveren Zugang zu aktuellen oder
historischen Geschehnissen. Aber die Fotos oder Filme aus
Zeitungen und TV lassen einen doch nicht von seinem ge-
planten Tagewerk abgehen. Wenn sie aber durch die Darstellung von Künstlern vermittelt werden, geht das tiefer
und bleibt in den unteren Schichten unseres Seins hängen.
Krallt sich fest, wirkt subversiv. Ohne Kontrolle. Darum
führte ich diesen aktiven und passiven Dialog mit Goya und
mit Künstlern, die über ein Jahrhundert nach ihm – und
viele Jahrzehnte vor uns – von neuer Gewalt, von einem anderen Krieg berichteten.

Musik kann die Welt, wie sie ist, nicht ändern. Das ist mir
schon klar. Aber darum geht es auch nicht.
Ich werde nur nicht zulassen, dass ich bei dem, was ich tue,
egal was, abgekoppelt bin von dem Leben und Sterben hier
auf dieser Welt.

Höre, hör, Kindchen, mein Kind, die Stille.
Eine Stille, die gewellt,
Stille, still innen tief, gewellt, innen tief und Echo,
tief viel gleiten
unten tief Boden neigen Stirn.

Federico Garçia Lorca, *Die Stille,*
übersetzt und vertont in *Goya II – Yo lo vi*

Der Song *Hey You* von Pink Floyd ist ein Höhepunkt dieser gesamten sonderbaren sogenannten UMusik. Wenn Waters zu zickigtrockenen Stakkati der Gitarre immer wieder und wieder und noch einmal und dann ein letztes Mal fragt, wie in einem BeckettFeldmanWartesaal festsitzend:
Is there anybody out there?

(1937, Berlin, Wohnung Familie Coppi)
»Aber wie war es früheren Künstlern möglich«, fragte
Coppis Mutter,
»unter Tyrannen Beständiges hervorzubringen?«
Hans: »Sie sagten aus, was sie für wahr hielten!«
Heilmann meinte: »Die Mutter der
Künste heißt Erinnerung.«

frei nach Peter Weiss, *Die Ästhetik des Widerstands,*
vertont in *QUIXOTE oder Die Porzellanlanze*

Im Herbst 2004 begann ich mit Torsten Ottersberg, Stefanie Wördemann und Hagen Klennert mit der Konzeption von *QUIXOTE oder Die Porzellanlanze*. Es sollte eine ganz besondere Arbeit in jeder Hinsicht werden. Texte Elektronik Noten Musiken Regie Bühnenbild Film Licht Kostüme wurden in Eigenregie und ausschließlich innerhalb der in den letzten zehn Jahren entstandenen Gruppe der mitwirkenden Freunde erarbeitet. Neben einigen Texten notierte ich fünf Gedichte über Don Quixote in Musik. Das Gros der Soloduotrioundquartettmusiken wurde besprochen. Es ging hierbei um gerichtete Improvisation. Eine Art Musik-TheaterChoreografie für Musikinstrumente und Stimmen. In skurrilen Einzelundgruppensitzungen mit den Musikern sprachen wir über den Inhalt, Dramaturgie und dessen Form und Verformung in Musik. Wie sollte es aussehen auf der Bühne, wie könnte es möglicherweise klingen. Theatrale Situation. Choreografie in Musik. Ein umgekehrter Weg. Wahrscheinlichkeitsgespräche. Zwischen Geheimsprachlern (für Außenstehende). Leise. Eine Verfahrensweise der Musikentwicklung in einer Kammeroper, die mir erst zu diesem Zeitpunkt möglich wurde. Ermöglicht durch die Freundschaften zu den Solisten, die lange gemeinsame Arbeit. Nicht zuletzt natürlich durch das Können und die Fähigkeiten eines jeden Einzelnen am Instrument oder in der Technik, auf der Bühne, in der Textarbeit und der visuellen Umsetzung. Sowas funktioniert nur mit einer aufregenden Vermischung von Vertrauen Disziplin Freiheitsgeist Eigenwilligkeit Unterordnung Memorierung Gefühl Überblick für und auf das Ganze. Und jeder schmeißt rein, was er ist und kann. Obwohl allesamt und jeder auf seinem Gebiet ein Highendsolist und kühner Ausnahmekünstler ist: Es reicht natürlich trotzdem nie. Dementsprechend wächst jeder gleichermaßen am Scheitern und Können. Auf der Folie der *Ästhetik des Widerstands*, Peter Weiss' großem Nachkriegsroman über Künste und Krieg, Despotismus, Widerstand, Freiheit. Entlang der alten Quixotegeschichte. Vom Ritter mit der traurigen Gestalt. Ein Traumland. Zauberland. Zauberland ist abgebrannt. LaLaLa.

Vertrauen hatte ich nicht immer. Herbst 1988 Luisenstraße Akademie der Künste Berlin. Proben für eine Aufführung von *Nr. 1 aus: Koma* für Gitarrenduo. Ich habe Schmerzen am Kopf. Poliklinik Kaulsdorf. Abstrich. Sie müssen hierbleiben. Sagt die Schwester. Gürtelrose. Das sind die Nerven. Ich bekomme Spritzen in den Hinterkopf. Möchte wieder gehen. Meine eigenen Noten haben mich krank gemacht. Mist. Ich kann nicht loslassen. Unbedingt will ich es so haben. So, so und so. Und nicht anders. Scheiße. Bin zum Kontrollfreak mutiert. Zum Chefkontroletti. Die Differenz zwischen meinen Vorstellungen und der Realität ist unerträglich. Es dauert Jahrzehnte, bis ich vertraue. Innerhalb und außerhalb der musikalischen Welt. Mich. Was trauen. Meine Musiken konnten es lange vor mir. Mut kommt auch von Musik. Und umgekehrt.

1996 Donaueschinger Musiktage. Ensemble Modern. *POLAROIDS*. Die Begeisterung, dass es hier eine Komponistin und einen Komponisten gibt, die gemeinsam an einer Partitur arbeiten, hielt sich in Grenzen. Iris ter Schiphorst und ich begannen einfach so damit. Schichtungen Überlappungen Löschen Hinzufügen. Es gab kein Tabu. Alles denkbar, was sein sollte. Der gesamte Geniekult und Autorenquark der letzten beiden Jahrhunderte wurde durch diese Arbeit in Frage gestellt. Wir haben zu zweit sechzehn Musiken komponiert. Zwei Stifte, eine Partitur – Kammermusik Oper Filmmusik. Braucht Vertrauen und Transparenz. Gegenseitiges Schenken. Kein Meins und Deins.

Als ich noch keine Noten schreiben konnte, Mitte der achtziger Jahre, erlebte ich zum ersten Mal Georg Katzer und Jazzgrößen. Er hinter Türmen aus Technik, sie hinter ihren Instrumenten. Dieser Freestyle war ein Wind der instrumentalsolistischen und geistigen Freiheit. Wir haben in einer Diktatur gelebt. In einer Diktatur gehört die Kunst der Par-

tei. Wir haben keine Chance, also nutzen wir sie. So klang das alles damals für mich. Improvisationskünstler. Bach war einer. Mozart sowieso. Und Schubert. Brahms. Liszt Evangelisti und Nuova Consonanza, wo ausschließlich Komponisten miteinander improvisierten, sozusagen aus dem Moment heraus am Instrument komponierten.
KlangNeuland.

Durch die Musik und die Musikanten habe ich gelernt, vertrauen zu dürfen. Vertrauen zu müssen. Verantwortung zu teilen. Nach dem Schreibprozess ist mir heute das Miteinander in den Proben und Aufführungen das Allerwichtigste. Heute öffne ich an bestimmten Stellen meiner Partituren Fenster der größtmöglichen Freiheit. Ich gebe Solisten die Möglichkeit, ihre Vorstellungen auf dem Instrument innerhalb meiner komponierten Musik zum Klingen zu bringen. Es sind Improvisationen, bei denen zwar die ungefähre Zeitdauer vorher abgesprochen wird, vielleicht auch eine Ahnung von dem, was passieren könnte. Aber im Konzert geschehen dann die unerhörtesten und unerwartbarsten Klänge.
In *UnsichtbarLand* hielt ich mehrere Räume für das Inszenierungsteam frei. Claus Guth, einer der tollsten Opernregisseure meiner Generation, forderte diese offene Arbeitsweise von mir, um Brandaktuelles Jetziges Poetisches in bestimmten Zeitfenstern Texte Bewegungen Situationen einzuarbeiten. Die ich als Komponist nicht vorhersehen kann und möchte. Es ist ein Geschenk und Glück, Menschen wie Claus Guth in der gemeinsamen Arbeit zu begegnen. Kein Kampf fürs Ich. Kein Schutz und Abwehr ist nötig. Begleiten, Offensein und Lust am Vertrauen und Entdecken, ohne die Autonomie der Arbeitsbereiche zu beschädigen. Mit jeder Inszenierung entsteht eine andere unerwartete Gestalt innerhalb der Musik.

Oder in *Goya II*. Da hab ich für die beiden Sologitarristen Daniel Göritz und Jörg Wilkendorf und den phänomenal intensiven Solokontrabassisten und Sprecher Matthias Bauer ein Improvisationsfenster inmitten der zweiundfünfzigtausendeinhundert komponierten Soloorchesterundchornoten geöffnet. Die drei improvisieren hier mit demselben Material, das wir wenige Monate zuvor gemeinsam im *QUIXOTE* fanden. Maria Lucchese, unsere Dulcinea, erzählt nun Hermann Kestens Geschichte eines Jungen in Guernica.

Vertrauen. Trauen.

Musik kommt von Mut.

September 2007 Oslo.

Wenn meine Eltern mich jetzt SEHEN könnten.

Ich dirigiere ein größeres Festivalkonzert. Oslo Sinfonietta.

Auf dem Programm des Porträtkonzertes steht unter anderem: *WRONG*.

Wir treiben wirklich immer zurück, dem Vergangenen zu.

Meine Tochter fragt mich:

Und, hast Du ihnen von mir erzählt?

Ja, das habe ich.

Und hast du sie von mir auch schön gegrüßt?

Ja, hab ich.

Gut, Papa, komm jetzt, wir haben doch noch Arbeit zu erledigen. Die Schleifen.

Ja, wir müssen arbeiten.

Wir dürfen keine Zeit verschwenden.

Die Wolken zieh'n von West nach Ost.
Ich lieg im Bett und denk an dich und
wie es früher war.
Zauberland ist abgebrannt
und brennt noch irgendwo.
Zauberland ist abgebrannt
und brennt noch lichterloh.
Der Himmel glüht wie heißes Eisen,
ein kleiner Vogel singt ganz leise
unser Lied – sieh da.
Zauberland ist abgebrannt
und brennt noch irgendwo.
Zauberland ist abgebrannt
und brennt noch lichterloh.
Das Traumtier geht auf lange Reise
und grauer Regen löscht die Feuer.
Ach küß mich noch ein Mal.
Zauberland ist abgebrannt
und brennt noch irgendwo.
Zauberland ist abgebrannt
und brennt noch lichterloh.

Rio Reiser, Zauberland
Schlusslied im Songspiel *Die WUNDE Heine*

HATTE MIR ein Luftkissen für die Reise gekauft, um mich
dann mit meinen Wimpern in deinen Haaren zu verfangen

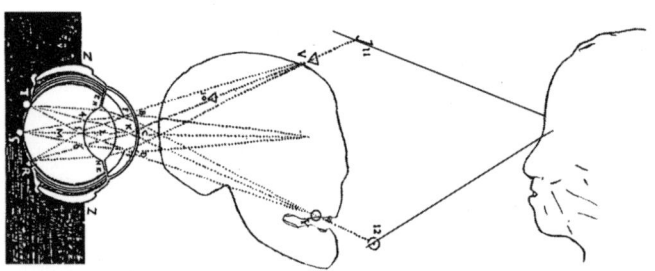

Hagen Klennert, Zeichnung zu Rapid-Eye-Movement Nr. 2 (aus: Koma).
Die Arbeit wurde in der gleichnamigen Partitur und als digitale Vorlage für
Bühnenprojektionen verwendet.

VERZEICHNIS DER IM TEXT GENANNTEN
WERKE VON HELMUT OEHRING

1. Streichquartett (1987)
für Streichquartett
Uraufführung: 1995 Berlin, Ballhaus Naunynstraße,
Thürmchen Ensemble Köln © LOWmusicMol.

Vorspiel und Gesang (1988)
für Stimme und Ensemble
auf Worte von FJS © LOWmusicMol.

Nr. 1 (aus: Koma) (1988)
für zwei Gitarren
Uraufführung: 1988 Berlin, Hochschule der Künste, Duo Feldmann
auch als Version für 15 Instrumente (1990)
Uraufführung: 1990 Berlin, Hochschule der Künste, boris blacher ensemble,
Dirigent: Friedrich Goldmann, Gitarrenduo Sabine und Helmut Oehring

Nr. 3 (aus: Koma) (1989)
für Septett
Uraufführung: 1989 Berlin, Theater im Palast,
Kammerensemble Neue Musik Berlin, Dirigent: Christian Münch

VIDEO (aus: Koma) (1990)
Musik, Idee, Kamera und Schnitt: Helmut Oehring, Darsteller: Matthias Hille,
produziert im Videostudio der Akademie der Künste, Berlin © LOWmusicMol.

Theatermusik zu Im Dickicht der Städte *von Bertolt Brecht*
Premiere: 1991 Hamburg, Thalia Theater, Inszenierung: Ruth Berghaus,
Bühnenbild: Erich Wonder © LOWmusicMol.

COMA I (1991)
für Orchester
Uraufführung: 1992 Leipzig, Gewandhaus (Forum junger Komponisten),
Kölner Rundfunk-Sinfonie-Orchester, Dirigent: Hans Vonk

Locked – In – (1992)
für Gitarre und Streichtrio
Uraufführung: 1993 Duisburg, Mercator Halle,
Kammerensemble Neue Musik Berlin, Dirigent: Roland Kluttig
Auftragswerk des Schönberg Festivals

CAYABYAB (1993)
für Gitarre, Bassetthorn und Schlagzeug
Uraufführung: 1993 Berlin, Ballhaus Naunynstraße, Gitarre: Helmut Oehring,
Bassetthorn: Unolf Wäntig, Schlagzeug: FriedemannWerzlau
Auftragswerk Kreuzberger Klangwerkstatt

Wrong. SCHAUKELN – ESSEN – SAFT (aus: Irrenoffensive) (1993–95)
Text: Birger Sellin und Helmut Oehring
Uraufführung: 1994 Konzerthaus Berlin, Kammerensemble Neue Musik Berlin,
Dirigent: Roland Kluttig, Gebärdensolistin: Christina Schönfeld,Liveelektronik,
Soundproduktion:Torsten Ottersberg
Auftragswerk der Stadt Berlin

SUCK THE BRAIN OUT OF THE HEAD (1994)
für sechs Schlagzeuger und ZuspielCD
Uraufführung: 1994 Dresden, Percussion de Strasbourg
Auftragswerk der Dresdner Tage für Neue Musik

LEUCHTER (aus: kurz im Müll gestochert) (1994)
Für Oboe, Violoncello und präpariertes Klavier/ZuspielCD
Uraufführung: 1994 Berlin, Konzerthaus, Auftragswerk des Aulos Trio

SELF-LIBERATOR (aus: Irrenoffensive) (1994)
frei nach der gleichnamigen Zeichnung von Hagen Klennert
Text: Reinhard Taumel und Helmut Oehring
Uraufführung: 1995 Philharmonie Berlin, Ensemble Modern,
Dirigent: Roland Kluttig, Auftragswerk des Ensemble Modern

Theatermusik zu Die heilige Johanna der Schlachthöfe *von Bertolt Brecht*
Premiere: 1995 Hamburg, Thalia Theater, Inszenierung: Ruth Berghaus,
Bühnenbild: Erich Wonder, Soundproduktion: Torsten Ottersberg © LOWmu-
sicMol.

SEXTON A. (1996)
für Viola
Uraufführung: 1997 Hans Sachs Saal Berlin, Tabea Zimmermann
Auftragswerk der Berliner Festwochen

4REAL (1996)
für Orgel
Uraufführung: 1998 Konzerthaus Berlin, Joachim Dalitz
Auftragswerk des Konzerthauses Berlin

DAS D'AMATO SYSTEM (1996)
Tanzoper in 15 Szenen
Text: Helmut Oehring u.a.
Premiere: 1996, Carl Orff Saal München(Biennale), Kammerensemble Neue
Musik Berlin, Dirigent: Roland Kluttig, Inszenierung: Maxim Dessau,
Ausstattung: Paul Zoller, Soundproduktion: Torsten Ottersberg
Auftragswerk der Biennale München

POLAROIDS. Melodram (1996)
Musik und Text: Iris ter Schiphorst und Helmut Oehring
Uraufführung: 1996 Donaueschingen, Ensemble Modern,
Dirigent: Jürg Wyttenbach
Auftragskomposition der Donaueschinger Musiktage

PHILIPP (1997/2001)
für Posaune
Uraufführung: 2000 Internationale Ferienkurse Darmstadt, Uwe Dierksen
Auch als Version für Trompete, Soundproduktion: Torsten Ottersberg
Uraufführung: 2001 Parochialkirche Berlin, Bill Forman

PRAE-SENZ (Ballet blanc II) (1997)
für Klaviertrio
Musik und Text: Iris ter Schiphorst und Helmut Oehring
Soundproduktion: Torsten Ottersberg
Uraufführung: 1997 Hebbel-Theater Berlin, ICTUS Ensemble

MARIE B. (Seven Chambers) (1997)
für Streichquartett und Liveelektronik
Uraufführung: 2003 Laurence Batley Theatre Huddersfield
(Huddersfield Contemporary Music Festival), Apartment House,
Soundproduktion:Torsten Ottersberg
Auftragswerk des Kronos Quartett

MISCHWESEN (1998)
für eine gehörlose Solistin, drei Trompeten und Keyboard
auf das Gedicht SILENCE von Anne Sexton und Texte von Helmut Oehring
und Iris ter Schiphorst, Soundproduktion: Torsten Ottersberg
Uraufführung: 1998 Kunstcentrum Gent (Festival November Music Belgium/
Netherlands), gehörlose Solistin: Christina Schönfeld, Asco Ensemble

7IEBEN (aus: Der Spalt) (1998)
Text: Helmut Oehring
für sieben Solisten und Liveelektronik
Premiere: 1998 Oper Bonn, Inszenierung: Helmut Oehring,
Bühnenbild: Hagen Klennert und Torsten Ottersberg, (Soundproduktion)
Auftragswerk Oper Bonn

CRUISEN – Study of portrait I – (1999)
szenische Musik frei nach Zeichnungen von Hagen Klennert
für Saxofonquartett, EGitarre und Liveelektronik
Premiere: 2000 Lille, BL!NDMAN, Jörg Wilkendorf,
Orchestre National de Lille, Dirigent: Fayçal Karaoui,
Inszenierung: Hagen Klennert und Helmut Oehring,
Soundproduktion: Torsten Ottersberg
Auftragswerk Orchestre National de Lille

VERLORENWASSER (aus: Der Ort / Musikalisches Opfer) (2000)
für Stimme, EGitarre, Kontrabass, Gebärdenchor, Orchester und Liveelektronik
Text: Helmut Oehring
Uraufführung: 2001 Liederhalle Stuttgart, Staatsorchester Stuttgart, Salome
Kammer, Jörg Wilkendorf, Peter Kowald, Soundproduktion:Torsten Ottersberg
Dirigent: Lothar Zagrosek
Auftragswerk des Staatsorchesters Stuttgart

BlauWaldDorf
weit-aus-ein-ander liegende Tage
eine musiktheatralische OrtSuche (2001)
Texte von Helmut Oehring, Hans Christian Andersen, Ottavio Rinuccini,
Friedrich Schiller und Thomas Morus
unter Verwendung einiger Kompositionen von Chet Baker,
Monteverdi und Radiohead
Premiere: 2002 Theater Aachen, Dirigent: Jeremy Hulin, Inszenierung: Claus
Guth, Ausstattung: Christian Schmidt, Soundproduktion: Torsten Ottersberg

ER.eine She (aus: 5ÜNF / Haare-Opfer) (2002)
szenische Musik nach der Zeichnung *I'm so glad* von Hagen Klennert
Text: Helmut Oehring
Premiere: 2002 Donaueschinger Musiktage, Natalia Pschenitschnikowa, Anton
Lukoszevieze, Christina Schönfeld u. a., Soundproduktion: Torsten Ottersberg
Inszenierung: Helmut Oehring
Auftragswerk der Donaueschinger Musiktage

GOTTFRIED W. – dem größten Torhüter aller Zeiten – (2003)
für Tuba und Bassklarinette mit Projektionen und ZuspielCD
Uraufführung: 2003 Pariser Platz Berlin (Globusklänge 4),
Robin Hayward und Theo Nabicht

*WOZZECK kehrt zurück – tonschriftliche MOMENTAUFNAHME in drei
Abzügen (12 Kontakten)* (2003/04)
unter Verwendung einiger Kompositionen von Gesualdo und Jörg Wilkendorf/
Die Wilderer, Soundproduktion: Torsten Ottersberg
Premiere: 2004 Theater Aachen, Dirigent: Jeremy Hulin, Inszenierung: Michael Simon

Das BLAUMEER (aus: Einkehrtag) (2003)
für Trompete, EGitarre, Countertenor, großes Orchester und Liveelektronik
auf Texte von Georg Philipp Schmidt von Lübeck und Helmut Oehring
unter Verwendung der Komposition *Der Wanderer* von Franz Schubert
Uraufführung: 2003 Herkulessaal der Residenz München, Bill Forman, Jörg
Wilkendorf, Arno Raunig, Symphonieorchester des Bayerischen Rundfunks,
Dirigent: Martyn Brabbins, Soundproduktion: Torsten Ottersberg
Auftragswerk der musica viva München

UNSICHTBAR LAND – Oper in 7 Tagen (2004/05)
basierend auf dem Theaterstück *Der Sturm* von William Shakespeare,
mit Musik von Henry Purcell, mit Texten von Helmut Oehring u. a.
Premiere: 2006 Theater Basel, Schola Cantorum Basiliensis, Ensemble Phœnix
Basel, Chor des Theater Basel, Sinfonieorchester Basel, Dirigenten: Giorgio Paronuzzi und Jürg Henneberger, Inszenierung: Claus Guth,
Ausstattung: Christian Schmidt, Soundproduktion: Torsten Ottersberg

QUIXOTE oder Die Porzellanlanze (2006/07)
Libretto von Torsten Ottersberg und Helmut Oehring frei nach Cervantes und
Die Ästhetik des Widerstands von Peter Weiss
Premiere: 2008 Festspielhaus Hellerau, Dresden, Inszenierung:
Stefanie Wördemann und Helmut Oehring, Film/Grafik: Hagen Klennert,
Bühnenbild und Soundproduktion: Torsten Ottersberg
Auftragswerk des Europäischen Zentrums der Künste Hellerau © LOWmusicMol.

GOYA II – Yo lo vi (2007)
Memoratorium für Knabensopran, EGitarre, Konzertgitarre, Kontrabass,
Gebärdensolist, Chor, Orchester und Liveelektronik
auf die Zeichnung Nr. 44 aus den Desastres de la Guerra von Francisco Goya
Textbuch von Stefanie Wördemann mit Texten von Hermann Kesten und
Federico Garcia Lorca
Uraufführung: 2008 Philharmonie Berlin, Dennis Chmelensky, Jörg Wilken-
dorf, Daniel Göritz, Matthias Bauer, Uwe Schönfeld, Rundfunkchor Berlin,
Deutsches Symphonie-Orchester Berlin, Dirigent: Ingo Metzmacher, Sound-
produktion: Torsten Ottersberg
Auftragswerk des Deutschen Symphonie-Orchesters Berlin und des
Rundfunkchors Berlin

How Fragile We Are (2008)
nach der Zeichnung Cherubim (aus: Passionsreihe) von Hagen Klennert
Premiere: 2009 Radialsystem Berlin/Goethe-Institut Tel Aviv,
Ensemble Mosaik, Ensemble Nikel
Auftragswerk des Goethe-Instituts Tel Aviv zur Hundertjahrfeier
der Stadt Tel Aviv © LOWmusicMol.

Die WUNDE Heine – Kleines episches Songspiel mit Interludien (2008/09)
Textbuch von Stefanie Wördemann mit Gedichten von
Heinrich Heine und Helmut Oehring
Premiere: 2010 Anhaltinisches Theater Dessau, Ensemble Modern, Salome
Kammer, Sylvia Nopper, Jörg Wilkendorf, Atrium Ensemble, Dirigent: Franck
Ollu, Inszenierung: Stefanie Wördemann und Helmut Oehring, Film/Grafik/
Bühne: Hagen Klennert, Produktion des Ensemble Modern in Coproduktion
mit der Oper Frankfurt a. M., dem Kurt Weill Fest Dessau und der
Musiktriennale Köln © Ensemble Modern Medien

DIE MEERE (2010)
frei nach Johannes Brahms und Johann Gottfried Herder
für Bassklarinette und Orchester
Uraufführung: 2010, Ultima Oslo Contemporary Music Festival,
Rolf Steinar Borch, Norwegisches Rundfunkorchester,
Dirigent: Thomas Sondergård
Auftragswerk von Rolf Steinar Borch und Ultima Oslo Contemporary Music
Festival/Norwegian Cultural Council © LOWmusicMol.

für FRIEDRICH (2010)
für EGitarre und Orgel
Uraufführung: St.-Annen Kirche, Zepernick (Randspiele),
Daniel Göritz und Thomas Noll © LOWmusicMol.

Baudelaire (2010)
ENIVREZ-VOUS für Stimme und Kontrabass nach Charles Baudelaires Essay
Die künstlichen Paradiese
Premiere: 2010 Kurt Weill Fest Dessau, Matthias Bauer © LOWmusicMol.

The Lake (2011)
Für Septett
Text: Helmut Oehring
Premiere: 2011 Toronto Contemporary Musik, Ensemble Contact
Auftragswerk der Siemens-Stiftung © LOWmusicMol.

Die Vier Jahreszeiten – unser Sommer ist ein grün angestrichener Winter (2011)
für Streichorchester frei nach Antonio Vivaldi
Uraufführung: 2011 Stuttgarter Kammerorchester,
Dirigent: Konstantin Lifschitz
Auftragswerk des Stuttgarter Kammerorchesters © LOWmusicMol.

schienen wie Wellen die in LANGE Auge
Requiem für Soli, Chor und Orchester
Text: Helmut Oehring
Uraufführung: Donaueschingen Festival 2012, David Moss, SWR Sinfonieorchester Baden-Baden und Freiburg, SWR Vokalensemble Stuttgart,
Dirigent: Teodor Currentzis
Auftragswerk der Donaueschinger Musiktage © LOWmusicMol.

Vom Fliegenden Holländer (Arbeitstitel)
Oper nach Heinrich Heine und Richard Wagner
Libretto von Stefanie Wördemann und Helmut Oehring
Premiere: 2013 Deutsche Oper am Rhein Düsseldorf,
Inszenierung: Claus Guth, Ausstattung: Christian Schmidt,
Soundproduktion: Torsten Ottersberg
Auftragswerk der Deutschen Oper am Rhein © LOWmusicMol.

Mittsommernacht (Arbeitstitel)
Oper nach William Shakespeare, Henry Purcell und Ingmar Bergmann
Libretto von Stefanie Wördemann und Helmut Oehring
Premiere: 2013 Staatsoper im Schillertheater Berlin, Inszenierung: Claus Guth,
Ausstattung: Christian Schmidt, Soundproduktion: Torsten Ottersberg
Auftragswerk der Staatsoper Unter den Linden Berlin © LOWmusicMol.

Die nicht eigens mit Copyright gekennzeichneten Werke:
© Boosey & Hawkes, Bote & Bock GmbH, Berlin

Weitere Informationen zum Werk des Autors: www.helmutoehring.de

QUELLENANGABEN

Gegenleben (S. 7) – Philip Roth, übersetzt aus dem Amerikanischen von Jörg Trobitus. © Carl Hanser Verlag, München 1988.

Présence, ballet blanc (S. 7) – Bernd Alois Zimmermann, *Intervall und Zeit. Aufsätze und Schriften zum Werk* © 1976 SCHOTT MUSIC, Mainz.

Mondestrunken (S. 9) – Otto Erich Hartleben nach Albert Giraud, vertont von Arnold Schönberg im *Pierrot lunaire* op. 21.

How Fragile We Are (S. 27, 145, 217, 227) – Helmut Oehring © 2008 LOW-musicMol. www.helmutoehring.de.

Bohemian Rhapsody (S. 29) – Freddy Mercury ©1976 by Queen Music Limited. Rechte für Deutschland, Österreich, Schweiz: EMI Music Publishing Germany GmbH.

Gebärdetes Gedicht aus: UNSICHTBAR LAND (S. 32) – Helmut Oehring © 2005 Boosey & Hawkes Bote & Bock GmbH, Berlin.

Bin ein einsamer Wanderer (S. 41) – Jörg Wilkendorf/Die Wilderer, in der Oper *WOZZECK kehrt zurück* © 2004 Boosey & Hawkes Bote & Bock GmbH, Berlin.

Wrong (S. 59) – Martin Gore © 2009 by EMI Music Publishing Ltd. Rechte für Deutschland, Österreich, Schweiz: EMI Music Publishing Germany GmbH.

Gebärdeter Text aus: Wrong – SCHAUKELN – ESSEN – SAFT (aus: Irrenoffensive) (S. 63, 65, 67) – Helmut Oehring © 1996 Boosey & Hawkes Bote & Bock GmbH, Berlin.

Gebärdeter Text aus: ~~ER.eine She (aus: 5ÜNF/Haare-Opfer)~~ (S. 71, 72, 162, 167, 169 f.) – Helmut Oehring © 2002 Boosey & Hawkes Bote & Bock GmbH, Berlin.

Jeder Mensch ein Künstler (S. 75) – Joseph Beuys, in: Clara Bodenmann-Ritter (Hrsg.); *Joseph Beuys, gespräche auf der documenta 5/1972.* Frankfurt a.M./Berlin: Ullstein, 1994.

SELF-LIBERATOR (aus: Irrenoffensive) (S. 78) – © 1995 Boosey & Hawkes Bote & Bock GmbH, Berlin.

QUIXOTE oder Die Porzellanlanze (S. 81, 230, 242) – frei nach *Die Ästhetik des Widerstands* von Peter Weiss, Helmut Oehring © 2006/07 LOWmusic-Mol. www.helmutoehring.de.

Almost Blue (S. 85) – Song von Chet Baker.

Phorkyas (S. 99) – Johann Wolfgang von Goethe, aus: *Faust. Der Tragödie zweiter Teil in fünf Akten.*

Der Tränenpalast (S. 102) – Iris ter Schiphorst, vertont von Helmut Oehring in *DAS D'AMATO SYSTEM* © 1997 Boosey & Hawkes Bote & Bock GmbH, Berlin.

DAS D'AMATO SYSTEM (103 f., 110 ff.) – Helmut Oehring © 1997 Boosey & Hawkes Bote & Bock GmbH, Berlin.